ÉTUDES DE TACTIQUE APPLIQUÉE

LA CAVALERIE DANS LA BATAILLE

(15 et 16 août 1870)

PAR

Pierre LEHAUTCOURT

PARIS
LIBRAIRIE MILITAIRE R. CHAPELOT ET Cie
IMPRIMEURS-ÉDITEURS
30, Rue et Passage Dauphine, 30

1906

ÉTUDES DE TACTIQUE APPLIQUÉE

LA CAVALERIE DANS LA BATAILLE

(15 et 16 août 1870).

PARIS. — IMPRIMERIE R. CHAPELOT ET Cᵉ, 2, RUE CHRISTINE.

ÉTUDES DE TACTIQUE APPLIQUÉE

LA
CAVALERIE DANS LA BATAILLE

(15 et 16 août 1870)

PAR

Pierre LEHAUTCOURT

PARIS
LIBRAIRIE MILITAIRE R. CHAPELOT ET Cie
IMPRIMEURS-ÉDITEURS
30, Rue et Passage Dauphine, 30

1906

INTRODUCTION

Si grande que soit l'importance des événements qui se sont récemment déroulés en Extrême-Orient, ceux de la guerre de 1870 conservent une incomparable valeur en tant qu'enseignement. Malgré leur date, en effet, ils sont moins loin de nous que cette guerre de Mandchourie, si dissemblable de celle que nous pouvons être amenés à faire, peut-être à une date prochaine. Il suffit de rappeler, à ce sujet, les différences profondes résultant du théâtre d'opérations, du climat, des distances et aussi des deux adversaires en présence.

Parmi les opérations de la guerre de 1870, la plus intéressante, par son ampleur, par ses conséquences et aussi par sa nature même, est celle qui, débutant, pour l'armée du Rhin, au cours de la journée du 14 août, par le passage de la Moselle, se termine le 18 au soir par la défaite de son aile droite, suivie à bref délai de notre investissement sous Metz. Durant ces quatre jours et demi, les destins du régime impérial et avec eux, malheureusement, ceux de la France sont fixés; l'issue de la guerre est certaine, à moins d'un miracle, que, seul, le patriotisme d'un Gambetta pourrait provoquer, s'il trouvait plus d'échos. Les victoires de la Prusse sous Metz vont avoir pour premier résultat de réaliser l'unité allemande et de préparer les voies à la suprématie de l'Empire rénové sur tout le centre de l'Europe.

Dans cette période du 14 au 18 août, celle du 15 au 16 nous a paru tout particulièrement intéressante à étudier. Encore nous sommes-nous borné à ce qui concerne la cavalerie en liaison avec les autres armes. Le 15 et le 16 surtout, on a pu voir des groupes d'escadrons, de la force la plus variable, placés dans les situations tactiques les plus différentes et les plus instructives.

Il ne semble pas impossible de tirer de ces faits des enseignements sur l'action de la cavalerie, dans les préliminaires de la bataille et dans la bataille elle-même. Au cours de travaux antérieurs, nous avons souvent cité ce proverbe anglais : Une once de pratique vaut mieux qu'une livre de théorie. Il a toute sa valeur en matière d'art militaire. Rien ne vaut l'épreuve des faits pour établir la justesse de procédés tactiques.

I

Surprise de Montigny (15 août).

Le maréchal Bazaine a pris les dispositions les plus insuffisantes pour passer la Moselle et gagner les plateaux à l'Ouest. Un assez grand nombre de ponts ont été construits, mais on ne s'est pas inquiété de leur assurer des débouchés en nombre correspondant. La majeure partie de l'armée va donc s'entasser sur une seule route, celle qui, par Longeville, remonte vers Gravelotte, où elle se bifurque pour gagner Verdun par deux itinéraires distincts : l'un, plus direct, passant par Mars-la-Tour; l'autre, un peu plus long, remontant au Nord par Doncourt et Étain.

Aucune mesure n'ayant été prise pour une constitution rationnelle de l'immense colonne qui va s'engager sur ce long défilé, de Metz au plateau du Point-du-Jour, le désordre y est extrême. Troupes de toutes armes, bagages, convois y cheminent pêle-mêle, dans une confusion accrue par les mouvements en sens contraire que l'attaque de nos arrière-gardes par la Ire armée a imposés à certaines de nos troupes au cours de l'après-midi du 14, une grande partie du 4e corps, par exemple.

Cet immense désordre va être encore augmenté par l'apparition inattendue sur notre flanc gauche d'un petit détachement ennemi. Le duc de Mecklembourg, qui commande au sud-est de Metz la 6e division de cavalerie, l'a constitué avec trois escadrons (1er et 2e du 3e uhlans[1], un escadron du 6e cuirassiers) et

---

[1] Le gros de la 6e division est à Sillegny; ses avant-postes vont de Pouilly, sur la Seille, à la Moselle, à hauteur de Novéant.

Composition de la 6e division :

14e brigade, général von Diepenbrock-Grüter : 6e cuirassiers, 3e uhlans, 15e uhlans;

15e brigade, général von Rauch : 3e hussards, 16e hussards; 2e batterie à cheval du 3e régiment.

deux pièces, sous les ordres du colonel von der Groeben, du 3e uhlans.

L'envoi de ce détachement correspond à l'idée suivante :

Dans la nuit du 14 au 15, à 11 heures, le commandant du IIIe corps, général von Alvensleben II, auquel la 6e division de cavalerie est provisoirement subordonnée, a donné l'ordre ci-après : « Le IIIe corps restera demain... en position. Les troupes auront à faire en sorte d'avoir mangé la soupe à 6 heures du matin et d'être prêtes au premier ordre à mettre sac au dos, ou à seller. La 6e division de cavalerie continuera comme précédemment ses reconnaissances vers Metz[1]. »

On voit que la mission assignée au duc de Mecklembourg est très vague. Il n'est pas question de le faire participer à l'exploration sur la rive gauche de la Moselle, exploration qui présente un intérêt tout particulier, puisqu'elle seule permettra de connaître les intentions du maréchal Bazaine. Par le terme « reconnaissances vers Metz », Alvensleben entend évidemment des opérations de très courte envergure dirigées vers la grande place lorraine par les deux rives de la Seille. A en croire Cardinal von Widdern, le commandant du IIIe corps ne laisse pas l'ombre d'initiative au divisionnaire. Des instructions verbales adressées à ce dernier l'obligent à lancer ces reconnaissances dès le point du jour; leur composition est même prévue dans le détail, de la façon la plus symétrique.

Quoi qu'il en soit, le duc de Mecklembourg traduit comme il suit les intentions d'Alvensleben :

« (Sans lieu d'origine) 14 août[2], 1 heure du matin. — Afin de recueillir des informations plus complètes sur la force et les emplacements de l'ennemi, après le grand combat sous Metz, les détachements ci-après auront à se porter en avant à la pointe du jour :

I. Le colonel comte von der Groeben, avec deux escadrons de son régiment (3e uhlans), avec l'escadron de cuirassiers poussé sur la Seille (il s'agit d'un escadron laissé sur la rive gauche de

---

[1] Ordre daté d'Allémont et reproduit par Cardinal von Widdern, *Verwendung und Führung der Kavallerie 1870 bis zur Kapitulation bei Sedan*, III, 42.

[2] 15 août, suivant les règles en vigueur chez nous.

la Seille, à Pournoy-la-Chétive, pour garder le pont) et avec deux pièces, se portera à 5 heures du matin de Pournoy-la-Chétive, par Augny, vers la route conduisant à Nancy [1] et, s'il est possible, au delà de la Moselle vers la route menant à Verdun.

« II. Le major von Hessberg (6e cuirassiers) partira à 4 heures du matin avec un escadron de cuirassiers, une section d'artillerie à cheval (tous deux venant de Verny), auxquels se joindront les escadrons détachés auparavant (à Fey) des capitaines von Plœtz (15e uhlans) et von Knoblauch (6e cuirassiers), pour marcher par Pouilly à droite et à gauche de la route de Metz, à gauche, s'il est possible, jusqu'à Saint-Privat.

« III. Un escadron de uhlans (1er du 15e régiment à Orny) établira par Chesnay la liaison avec la 18e division d'infanterie (IXe corps).

« Leurs reconnaissances terminées, ces détachements laisseront au loin en arrière de petites fractions d'observation ; ils rendront compte le plus tôt possible et en détail à Verny et à Chérisey [2]. »

De ces trois reconnaissances, la plus intéressante, celle qui donne les résultats les plus tangibles, est celle du colonel von der Groeben. On remarquera le vague des prescriptions qui la concernent. Toutefois, l'ordre de la 6e division élargit sensiblement la tâche qu'Alvensleben avait paru réserver à la cavalerie, en y comprenant l'exploration à l'ouest de la Moselle. Mais le détachement de von der Groeben est trop faible pour s'aventurer utilement au delà de cette rivière. Si, d'ailleurs, le duc de Mecklembourg voulait réellement étendre son exploration aussi loin, il utiliserait le pont de Novéant qui est resté intact, à la disposition de la 6e division. Le canon de Metz ne peut le battre comme il fait pour celui de Longeville.

On doit se demander également si la mise en mouvement de sept escadrons et de quatre pièces est suffisante pour l'accomplissement de la mission, même restreinte à la reconnaissance du front sud de Metz, qui incombe à la 6e division. Dans des circonstances semblables, il semble que l'on procèderait autrement aujourd'hui. On mettrait en marche le gros de la division

---

[1] Il s'agit de la route longeant la rive droite de la Moselle.

[2] Von Widdern, *loc. cit.*, 43.

dans une direction donnée, en la faisant précéder d'antennes destinées à établir le contact.

Il est à remarquer que ces trois escadrons, bien que tirés de deux corps différents, ne comportent pas un homme armé de carabine, circonstance qui pourrait présenter de graves inconvénients pour un détachement ainsi aventuré à grande distance, dans un pays hostile[1].

Parti à 4 h. 30 du matin de Pournoy-la-Chétive, par un brouillard épais qui dissimule sa marche, mais lui fait courir le risque de tomber dans une embuscade, von der Groeben dépasse Augny et trouve inoccupé un ouvrage que nous avions ébauché au sud de Saint-Privat[2].

Ses patrouilles pénètrent même dans deux lunettes plus rapprochées de Metz, celles des ateliers de Montigny et de la Horgne, encore en construction et qui ne sont pas davantage occupées[3]. Une partie des trois escadrons continue vers la place, par le chemin d'Augny; le reste et les deux pièces se portent à la ferme Bradin, au sud-ouest de Montigny, et s'y tiennent cachés, attendant que le brouillard se soit dissipé.

Le premier groupe traverse Montigny et y capture quatre hommes dont un « jeune officier » avec une voiture d'avoine. De ces prisonniers, l'un appartient au 88e de ligne, c'est-à-dire à la brigade Maussion, du 5e corps, qui est à ce moment en retraite sur le champ de Châlons. On ne peut s'expliquer sa présence sous Metz autrement que par le désordre régnant sur les derrières de l'armée du Rhin. Les autres sont des 12e et 100e de ligne, c'est-à-dire de la division Tixier, du 6e corps. Leur capture a une certaine importance, en ce que l'on constate ainsi pour la première fois la présence de ce corps d'armée sous Metz[4].

C'est seulement à la sortie nord de Montigny, dans le voinage

---

[1] En 1870, ni les uhlans ni les cuirassiers n'étaient armés de la carabine, contrairement à ce qui a lieu aujourd'hui. Toute la cavalerie allemande est uniformément armée de la carabine, de la lance et du sabre.

[2] Aujourd'hui fort Auguste-de-Wurtemberg. — Pournoy-la-Chétive est à 12 kilomètres environ au sud de Metz, à vol d'oiseau.

[3] Rapport sur les opérations du grand parc du génie, 15 août (*Revue d'Histoire*, II, 1903, 452).

[4] Compte rendu de von der Groeben, 9 h. 15 du matin, von Widdern, *loc. cit.*, 48. Von Widdern écrit à tort que les 12e et 88e font partie de la 1re division du 6e corps (général Tixier).

immédiat de l'enceinte, que les cavaliers prussiens sont arrêtés par de l'infanterie.

Cependant, le brouillard s'est dissipé. De la ferme Bradin, le colonel von der Groeben observe à loisir un bivouac français, complaisamment étalé à l'ouest de la Moselle, sur le bord même de la rivière, entre Longeville et Moulins. La sécurité y paraît entière et le silence y est complet. D'après les habitants de la ferme, tous nos bivouacs de la rive droite ont été évacués la nuit précédente; la masse de nos troupes a pris la direction de Verdun.

En somme la reconnaissance a déjà recueilli des renseignements positifs : absence de troupes françaises aux abords sud de Metz; mouvement en exécution de Metz sur Verdun. Néanmoins, Groeben ne se tient pas pour satisfait. Il fait mettre ses deux pièces en batterie à l'ouest de la ferme et ouvrir le feu sur notre camp. Il ne peut avoir d'autre intention que d'y provoquer un grand désordre, sans qu'il soit possible d'en tirer un parti immédiat. Mais, par contre, sa retraite est assurée au sud de Metz; sa démonstration n'est susceptible de nuire en rien à son détachement, puisqu'il a rempli la partie essentielle de sa tâche [1]. On ne peut donc qu'approuver sa manière de faire.

Quoi qu'il en soit, les deux pièces prussiennes tirent 48 obus à des distances comprises entre 1740 et 2,240 mètres [2]. « Le résultat fut amusant au plus haut point, écrit von der Groeben dans l'un de ses rapports; les cris et le désordre se prolongèrent jusqu'à ce que, derrière son voile de brume, le fort de Saint-Quentin ouvrit le feu contre la ferme Bradin.... » Sur les entrefaites, le brouillard s'est entièrement dissipé; le détachement juge prudent de disparaître derrière un boqueteau voisin, celui qui existe encore sur le champ de manœuvres actuel de Frescaty. Au préalable il a coupé le chemin de fer à la bifurcation de Montigny, dépassant en ceci son programme.

C'est la division Tixier, du 6e corps, qui a été ainsi surprise.

---

[1] L'ordre du duc de Mecklembourg porte, il est vrai, que Groeben doit se porter, « s'il est possible », au delà de la Moselle, vers la route de Metz à Verdun. Mais cette éventualité est sans doute considérée comme très peu probable, vu le faible effectif du détachement.

[2] Compte rendu de von der Groeben, daté du 17 août et extrait de l'historique de la batterie (von Widdern, *loc. cit.*, 49).

Venue au sud de Metz dans la soirée du 14, elle s'est arrêtée au bord même de la Moselle, presque au débouché du pont du chemin de fer à Longeville qu'elle avait utilisé comme moyen de passage.

Non seulement elle n'a pas laissé d'arrière-garde sur la rive droite, mais elle ne fait même pas garder le débouché est du pont. Les obus prussiens lui infligent des pertes sensibles, parmi lesquelles celle du colonel du 10e de ligne, Ardant du Picq, l'auteur bien connu des *Études sur le Combat*[1]. Le désordre est immense durant quelques instants. C'est une panique : « Les tentes sont piétinées, les faisceaux d'armes renversés; un certain nombre de soldats, à moitié équipés, se sauvent à toutes jambes et vont se réfugier dans un petit bois au bord de la rivière .... »[2]. Nous prévoyons si peu un accident de ce genre qu'aucune des pièces du fort Saint-Quentin ne peut battre la ferme Bradin. A grand'peine, on retourne un canon de 24 en batterie sur Rozérieulles et l'on tire deux obus qui arrêtent le feu des Prussiens, sans leur causer le moindre mal. Intervention tardive pour laquelle l'empereur juge à propos de recommander « de serrer la main », en son nom, du lieutenant d'artillerie intéressé[3]. Le colonel von der Groeben peut donc rallier la 6e division avec son détachement intact, nous ayant causé des pertes sensibles et surtout ayant provoqué un ébranlement moral dont nous apprécierons plus loin l'importance.

Vers la même heure, une autre échauffourée se produit à l'est de Montigny, au Sablon. Comme nous l'avons vu, tandis que von der Groeben marchait par Augny sur le premier de ces points, le duc de Mecklembourg détachait de Verny vers Metz un groupe

---

[1] Outre Ardant du Picq, le 10e de ligne perd un capitaine tué, un chef de bataillon, un lieutenant et neuf hommes blessés.

[2] Capitaine Pinget (du 75e), *Feuilles de Carnet*, 1870-1871, 17; l'Historique du 4e voltigeurs n'est pas moins formel : « Les troupes ayant évacué leur camp dans le plus grand désordre, en abandonnant des armes et un grand nombre d'effets de campement, le 3e bataillon du 4e voltigeurs fut déployé immédiatement en tirailleurs sur la rive gauche de la Moselle..... » (*Revue d'Histoire*, II, 1903, 422). D'après le rapport du poste d'observation de la cathédrale, la canonnade commence vers 6 h. 30 et dure encore à 7 h. 15 (*Ibid.*, 473).

[3] Rapport du commandant de la 4e batterie du 1er régiment (*Revue d'Histoire*, II, 1903, 408).

de même force pour reconnaître les abords de la forteresse[1]. Parti à 4 heures du matin, le major von Hessberg laisse deux de ses escadrons dans Saint-Privat, en poussant le troisième (5e du 6e cuirassiers) au nord du chemin de fer (ligne de Metz à Sarrebrück). Après avoir essuyé quelques coups de feu en traversant le Sablon, du fait de traînards ou d'habitants, les cavaliers prussiens arrivent à la partie des dehors de Metz qui couvrent la gare. Ils y sont arrêtés par un feu d'infanterie.

Leur seule apparition a mis en fuite, outre une partie de la population, le grand parc du génie, 50 voitures encore sur la rive droite, on ignore en vertu de quelle aberration. Ces impédimenta rentrent en hâte dans Metz. Aucune troupe ne gardant cette partie de l'enceinte, le directeur du parc fait prendre les armes aux 300 ouvriers de l'arsenal et les établit dans les dehors. Prévenu, le commandant supérieur, général Coffinières, envoie une compagnie tirée des petits dépôts de chasseurs à pied, puis des bataillons de garde mobile. Enfin, il retient plusieurs heures une brigade de grenadiers de la garde et adresse une dépêche affolée au maréchal Bazaine : « Metz est très sérieusement attaquée du côté du chemin de fer. Impossible de réunir les gardes nationales. Les isolés sans officiers sont insaisissables. Pour avoir le temps de me reconnaître, je retiens une brigade de grenadiers .....[2] » Le tout pour trois escadrons et deux pièces!

Le major von Hessberg a mis ses deux canons en batterie et pris sous son feu d'abord un train de chemin de fer où s'est embusquée de l'infanterie, puis la ville. L'artillerie du fort Queuleu finit par lui imposer silence, et le détachement se retire sans autre incident sur Verny[3], ayant, comme celui de von der Groeben, obtenu très aisément des résultats fort appréciables.

La panique causée par leurs deux démonstrations ne s'est pas arrêtée à une division du 6e corps et à la garnison de Metz. Au

---

[1] Deux escadrons du 6e cuirassiers, un escadron du 15e uhlans et deux pièces (Ordre du 14 août, 1 h. du matin).

[2] Dépêche télégraphique de 7 h. 35 du matin (*Revue d'Histoire*, II, 1903, 163).

[3] Voir son compte rendu daté de 7 h. 30 du matin et transmis à 9 heures par la 6e division de cavalerie (VON WIDDERN, III, 46). Il n'est transmis qu'à 1 heure du matin, le 16, par l'état-major du IIIe corps à celui de la IIe armée.

moment où von der Groeben tire son premier coup de canon, Napoléon III va quitter Longeville, où il a passé la nuit. Le deuxième obus tombe dans le parc voisin de la maison qu'il habite. Il s'écrie aussitôt, dit-on : « Nous sommes trahis ! », puis : « Où est le prince impérial [1]? » « Pour éviter l'encombrement et n'y pas ajouter lui-même », il met son cheval au galop et s'engage sur l'ancienne voie romaine, qui, par Scy, Lessy, Châtel-Saint-Germain et le Point-du-Jour, longe à distance la route en s'élevant sur les coteaux à sa droite. Mais, au bout de quelques instants, le canon retentit de nouveau, cette fois à l'Ouest, dans la direction suivie par le cortège impérial. Pour ne pas tomber « de Charybde en Scylla », l'empereur s'arrête devant la ferme du Point-du-Jour et y passe tout le temps de l'engagement dont nous allons parler, celui de la division de cavalerie Forton à Mars-la-Tour [2]. Il se porte ensuite à Gravelotte. Ses bagages, qui le suivent, ralentissent encore le mouvement d'ensemble. « Les voitures, fort nombreuses, partent sur la route de Verdun aux plus grandes allures ; les chevaux de main, l'escorte sont au galop ; cette avalanche traverse nos batteries [3]. »

Malgré son sang-froid habituel, le maréchal Bazaine n'a pas échappé à la contagion. Avant de quitter Moulins, où il a couché, il donne l'ordre de détruire le pont de Longeville. Il craint, a-t-il dit depuis, que nous ne soyons coupés de Metz, « l'ennemi commençant à tirer sur nous », et veut éviter « un nouveau combat d'arrière-garde », inévitable si nos adversaires s'emparaient de ce passage [4]. Pour apprécier ces raisons à leur valeur, il faut se souvenir que le pont est sous le canon de l'enceinte et du fort de Saint-Quentin, à moins de 2k,500. Nous supprimons naïvement un moyen de passage dont l'ennemi serait incapable de faire usage et qui pourrait nous être fort utile, même pour la

---

[1] Von Widdern, III, 51, d'après des témoignages d'habitants de Longeville reçus en 1873.

[2] Philippe de Massa, *Souvenirs et Impressions*, 1840-1871.

[3] Lieutenant-colonel de Montluisant, *l'Armée du Rhin, ses épreuves. La chute de Metz*, 7 ; Journal de l'adjoint à l'intendance Bouteiller, du 2e corps (*Revue d'Histoire*, II, 1903, 178).

[4] *Procès Bazaine*, compte rendu sténographique quotidien, 80, interrogatoire du maréchal Bazaine ; Bazaine, *Episodes de la guerre de 1870 et le Blocus de Metz*, 71.

défense de Metz. Le 26 et le 31 août, quand l'armée devra de nouveau traverser la Moselle, elle aura tout lieu de déplorer sa disparition. Pendant le reste du blocus, on travaillera à le rétablir; mais l'ennemi seul s'en servira pour diriger sur Thionville le matériel de siège français enlevé à l'arsenal de Metz[1].

C'est le génie du 3e corps qui fait sauter l'une de ses arches vers 9 h. 30 du matin. Mais la destruction est incomplète, et des piétons peuvent encore passer sur ses débris. Le maréchal Bazaine, averti, donne l'ordre de détruire une deuxième arche, ce qui a lieu vers 5 heures du soir. Depuis de longues heures, il n'y a plus un cavalier prussien en vue de Longeville.

Ainsi, six escadrons et quatre pièces, répartis en deux groupes isolés, ont pu reconnaître les abords immédiats de Metz dans la direction du Sud, nous infliger des pertes, mettre le désordre dans une partie de nos colonnes et nous amener à une destruction tout à fait inopportune. Ces résultats ont été obtenus avec la plus grande facilité, presque sans pertes[2], grâce surtout, il faut bien le dire, à l'absence des plus simples mesures de sécurité de notre part. Si la garnison de Metz avait couvert les approches de notre place, comme elle le devait; si, d'autre part, la division Tixier s'était protégée par des avant-postes lancés sur la rive droite, non seulement les résultats de cette double reconnaissance auraient été beaucoup moins marqués, mais les escadrons de von der Groeben et de von Hessberg auraient pu aisément souffrir des pertes sensibles. C'est donc à nos fautes, plus qu'à l'habileté de l'exécution, qu'il convient de rapporter les résultats obtenus à si peu de frais par l'ennemi.

---

[1] *Procès Bazaine, loc. cit.*, 183, rapport du général de Rivières. Voir ce qu'écrit du pont de Longeville et de sa destruction le général von Pelet-Narbonne (*Revue de Cavalerie*, février 1900, 602).

[2] Un cuirassier blessé du détachement Hessberg.

II

Canonnade de Mars-la-Tour (15 août).

Tandis que l'armée du Rhin s'achemine lentement vers le plateau de Gravelotte, elle est couverte, depuis la soirée du 14, par deux divisions de cavalerie : la 1re division de réserve, général du Barail, poussée sur la route d'Étain ; la 3e division de réserve, général marquis de Forton, sur la route de Mars-la-Tour[1]. Cette dernière a passé la nuit à Gravelotte.

On remarquera que le maréchal Bazaine a bien songé à couvrir l'armée sur son front, pendant le mouvement de Metz à Verdun. Mais il ne s'est nullement préoccupé de couvrir son flanc gauche, pourtant très menacé. Le moins qu'il devrait faire serait de garder fortement les passages de la Moselle au sud de Metz ; puis de constituer une forte flanc-garde suivant, au sud de la route de Mars-la-Tour, la marche de l'armée. Rien ne montre qu'il en ait eu même la pensée.

Revenons à la division Forton.

De grand matin, des gens du pays signalent la présence de l'ennemi dans la vallée de la Moselle, vers Ars. Il y aurait une masse de cavalerie à Novéant. La veille déjà, lors de son arrivée, le général de Forton avait été avisé par la gendarmerie et par des habitants que l'ennemi occupait Chambley, au Sud-Ouest. Des cuirassiers, des hussards et des dragons avec de l'artillerie seraient à Mars-la-Tour[2], à l'Ouest. Bien que ces

---

[1] 1re division : 2 brigades de chasseurs d'Afrique (1er et 3e, 2e et 4e) (il manque le 4e chasseurs d'Afrique de la brigade de Lajaille) et 2 batteries à cheval.

3e division : 1 brigade de dragons (1er et 9e) et 1 brigade de cuirassiers (7e et 10e), 2 batteries à cheval (7e et 8e du 20e).

[2] Déposition du général de Forton devant le Conseil d'enquête sur les capitulations (*Revue d'Histoire*, II, 1903, 133).

bruits comportent une large part d'exagération, ils n'ont rien d'invraisemblable et valent, en tout état de cause, d'être vérifiés. Le général de Forton sait en effet que, dès le 12 août, un parti de cavalerie allemande, arrivé à Pont-à-Mousson, était surpris et défait par les chasseurs d'Afrique du général Margueritte. Rien d'étonnant dès lors que, le 14, on trouve à l'ouest de Metz des traces de cette cavalerie. Forton ne paraît pas s'en inquiéter et se borne à détacher autour de Gravelotte des reconnaissances de très faible envergure, selon notre déplorable habitude de ce temps.

Le 15 août, vers 5 h. 15, sa division se met en marche sur Mars-la-Tour, par la route de Verdun. Un escadron du 1er dragons la précède en avant-garde; un autre, du 9e dragons, la flanque au sud de la chaussée, tous deux à courte distance. La colonne, marchant très lentement, dépasse ainsi Rezonville et Vionville. En atteignant la crête immédiatement à l'ouest de ce dernier village, le général de Forton remarque « beaucoup de poussière » dans la plaine entre Mars-la-Tour et Puxieux, au Sud-Ouest. Il détache aussitôt les trois escadrons restants du 1er dragons, avec ordre de soutenir le premier et de s'arrêter à l'ouest de Mars-la-Tour, en fouillant l'intervalle de ce village à Puxieux. Puis, ayant aperçu « des mouvements et de la fumée », il porte dans la même direction le général prince Murat avec les trois derniers escadrons du 9e dragons. La brigade de cuirassiers et les deux batteries suivent, avec la même lenteur que précédemment, la route de Verdun.

Le 1er dragons a appris par ses éclaireurs la présence de cavaliers ennemis vers Tronville. Il oblique dans cette direction, au sud de Mars-la-Tour, et voit bientôt devant lui un groupe qu'il évalue à un régiment. Il s'agit de deux escadrons du 11e hussards[1], venus le matin à l'ouest de Rezonville et qui rétrogradent devant la division. Nous verrons plus loin le détail de leur mouvement.

Quant au 1er dragons, il les poursuit jusqu'à l'ouest de

---

[1] Appartenant à la 5e division de cavalerie, général von Rheinbaben; composition : 11e brigade, général von Barby, 4e cuirassiers, 13e uhlans, 19e dragons; 12e brigade, général von Bredow, 7e cuirassiers, 16e uhlans, 13e dragons; 13e brigade, général von Redern, 10e, 11e, 17e hussards; 1re batterie à cheval du 4e régiment, 2e batterie à cheval du 10e.

Puxieux, où il est rallié par le 9e dragons. La brigade du prince Murat est ainsi reconstituée. Mais l'ennemi s'est beaucoup renforcé, et une batterie ouvre le feu du nord-est de Xonville. On croit même voir de l'infanterie à proximité, bien qu'il n'y en ait aucune : « Quelques instants après, porte l'Historique du 9e dragons, on aperçoit deux colonnes imposantes de cavalerie et d'infanterie prussiennes suivant une direction parallèle à une batterie d'artillerie qui marche entre elles[1]. » En réalité, il n'y a pas d'infanterie marchant avec la brigade Redern.

On voit combien sont sujettes à caution les observations faites à une certaine distance et sous l'empire d'idées préconçues, comme c'était le cas pour nos dragons. Imaginant que l'adversaire suit les mêmes errements que nous, ils croient sa cavalerie incapable de s'aventurer aussi loin de la Moselle sans être soutenue par de l'infanterie. D'où leur erreur d'optique.

Quoi qu'il en soit, la brigade Murat se retire sur Puxieux et Mars-la-Tour, où elle rallie la brigade de cuirassiers Gramont et les deux batteries restées avec le général de Forton. Celui-ci a progressé avec une telle prudence que, parti de Gravelotte vers 5 h. 15, il arrive entre 9 et 10 h. à Mars-la-Tour, ayant consacré 4 heures au moins à parcourir 11 kilomètres. Apprenant l'approche de l'ennemi, le général établit à l'ouest de Mars-la-Tour ses deux batteries encadrées par la brigade de cuirassiers.

Après l'arrivée des dragons, il les place à gauche de l'artillerie et les cuirassiers à droite. Puis il attend patiemment la cavalerie prussienne, sans songer à prendre une offensive pour laquelle il dispose, au moins momentanément, d'une réelle supériorité numérique (15 escadrons[2] et 2 batteries contre 9 escadrons et 1 batterie, portés finalement à 15, puis à 19 escadrons).

Quant au général von Redern, il se borne à engager sa batterie contre les nôtres. Pendant cet échange d'obus qui dure une heure environ, nos escadrons masqués par une ligne d'arbres et

---

[1] *Revue d'Histoire*, II, 1903, 441. L'Historique du 1er dragons (*Ibid.*, 440) s'exprime à peu près de même, ainsi que les rapports du général de Forton. Ces derniers mentionnent deux régiments de cavalerie en colonne, une batterie dans leur intervalle, une autre sur la droite, masquée par un petit bois, et une colonne d'infanterie peu profonde (*Ibid.*, 437-439).

[2] Un escadron de cuirassiers est à l'escorte du train de la division.

par un pli de terrain n'ont à souffrir aucune perte. Les deux artilleries adverses ne sont guère plus éprouvées. Néanmoins, celle de l'ennemi est en état d'infériorité manifeste; elle rompt le combat. Son tir a été des plus défectueux [1].

Les escadrons et la batterie de Redern se retirent sur Puxieux où nous croyons voir de l'infanterie, par la même illusion d'optique que précédemment. Forton se borne à observer, de loin, cette retraite, malgré l'arrivée auprès de lui d'importants renforts.

La division du Barail, alors vers Jarny, a été avisée par ses soins et apparaît entre la ferme de la Grange et Mars-la-Tour. Le général de Valabrègue, qui commande la division de cavalerie du 2e corps, porte également le 7e dragons dans l'intervalle de Vionville à Tronville. Bien que les forces de Redern se soient accrues de tous les partis de cavalerie opérant aux environs, nous disposons d'une certaine supériorité numérique, 34 escadrons et 4 batteries, contre 29 escadrons et 2 batteries [2]. Forton ne tente pas d'en profiter. Sur les entrefaites, le commandant du 2e corps, général Frossard, est arrivé à Rezonville. Forton lui fait savoir qu'il aurait peine « à tenir à Mars-la-Tour, s'il était attaqué, et qu'il a l'intention de chercher un point d'appui en arrière ». Frossard n'a pas la 3e division sous ses ordres. Il croit devoir se borner à lui conseiller d'occuper « une position qui lui permette de remplir son rôle de division d'avant-garde [3] ». On voit que, comme Forton, il a, sur l'emploi de la cavalerie d'armée, les idées les plus singulières. Il s'agirait d'une avant-garde d'infan-

---

[1] Nous n'avons que 2 chevaux blessés; la batterie ennemie aurait eu 4 pièces démontées, 1 caisson sauté et beaucoup d'hommes hors de combat (2e rapport du commandant de l'artillerie; historique des 7e et 8e batteries du 20e régiment (*Revue d'Histoire*, II, 1903, 445 et suiv.) Le son de cloche est autre chez les Allemands : la batterie de Redern aurait eu 2 blessés; ses escadrons, 1 officier et 3 cavaliers blessés, 2 cavaliers et quelques chevaux disparus (von Widdern, *loc. cit.*, 340).

On voit avec quelle prudence il convient de faire état des rapports de combat et historiques, malgré leur caractère officiel.

[2] Encore ces 29 escadrons et ces 2 batteries ne se sont-ils groupés qu'à 2 h. 15 seulement, plus d'une heure après la retraite de Forton.

La division Forton compte 15 escadrons; la division du Barail 12 également (les régiments de chasseurs d'Afrique sont à 4 escadrons et il manque le 4e régiment).

[3] Général Frossard, *Rapport sur les opérations du 2e corps*, 82.

teric, que tous deux ne s'exprimeraient pas en d'autres termes. Où Forton a-t-il vu que son rôle soit « de tenir à Mars-la-Tour », qui n'est ni à la tête d'un défilé, ni au débouché d'un pont? Le meilleur moyen d'empêcher l'ennemi d'y venir ne serait-il pas de l'attaquer, au lieu d'aller occuper « une position » en arrière, occupation qui n'est aucunement dans le pouvoir de la cavalerie? Ni Forton ni Frossard ne se rendent compte que la meilleure des armes dont disposent ces escadrons, c'est la rapidité. Leur échange d'idées évoque nécessairement un vocable qui n'était pas encore en usage : celui de *cavalerie de forteresse*. La matinée du lendemain ne démentira pas ces prémisses.

Au lieu de chercher à trouer le voile que déjà les escadrons allemands tendent entre nous et Verdun, Forton se replie vers l'Est, après avoir stationné autour de Mars-la-Tour jusque vers 1 h. du soir. Sa division bivouaque à l'ouest de Vionville, dans le voisinage immédiat de celle du général de Valabrègue et du reste du 2e corps établis entre ce village et Rezonville, à cheval sur la route de Verdun par Mars-la-Tour. Le maréchal Bazaine a dit que l'opération de la division Forton « mollement conduite, fut la cause du blocus de Metz[1] ». C'est grandement exagérer les choses et chercher, suivant l'habitude de l'ancien commandant en chef de l'armée du Rhin, à masquer sa propre responsabilité derrière les fautes d'autrui. Mais il paraît incontestable que le général de Forton fit preuve d'une singulière mollesse et que, en thèse générale, la journée du 15 août 1870 fut peu honorable pour notre cavalerie.

Le commandant de la 3e division se rend si bien compte de la faute qu'il a commise en se retirant sous les baïonnettes de l'infanterie, qu'il l'explique par les motifs les plus inexacts. Dans le premier des rapports consacrés au rôle de sa division les 15 et 16 août, il écrit : «.... Des tirailleurs d'infanterie assez nombreux commençaient à se rapprocher de nos vedettes. Jugeant qu'ils allaient être suivis par leurs bataillons, je rendis compte de ma position au général Frossard et, d'après son avis, je repliai ma division....»[2]. Bien que cette dernière assertion soit en contra-

---

[1] *Episodes de la guerre de* 1870, 76.
[2] Rapport du 16 août, *Revue d'Histoire*, III, 1903, 438.

diction avec ce qu'écrit le commandant du 2e corps [1], Forton la reproduit dans un autre rapport, celui daté du 9 septembre. Quant à celle relative à l'infanterie, dont les tirailleurs menacent apparemment de charger la division Forton, il est difficile de la prendre au sérieux, ne serait-ce que pour cette raison majeure : il n'y a pas d'infanterie allemande dans un rayon de plusieurs kilomètres.

Suivant une pratique alors constante parmi nos troupes, qu'elles soient loin ou près de l'ennemi, les deux brigades et l'artillerie du général de Forton s'établissent au bivouac aux abords de Vionville, imparfaitement masquées du côté de l'ennemi par une crête que coupe à angle droit la route de Verdun. Les régiments du prince Murat sont sur deux lignes à l'ouest du village, le 1er dragons en 1re ligne, le 9e dragons en 2e ligne, l'artillerie en 3e ligne. La brigade de cuirassiers est au nord de la route, un peu en avant et à gauche de la brigade Murat [2]. Dans les quatre régiments de Forton, les tentes ne sont pas dressées et les chevaux restent sellés.

On doit se demander, à ce sujet, si l'emploi du bivouac s'imposait pour cette cavalerie dans la nuit du 15 au 16 août. Sans doute l'ennemi était à proximité immédiate, et la règle habituelle est que les troupes bivouaquent en pareil cas ; mais il convient de remarquer que l'infanterie allemande n'a pas encore paru ; la situation étant donnée, il paraît peu probable qu'elle soit déjà sur la ligne de retraite suivie par l'armée du Rhin. Dès lors, c'est une attaque de cavalerie et d'artillerie que peut redouter la division, une sorte de hourrah du genre de celui d'Athies en 1814, opéré à la nuit tombante ou à l'aube. Afin d'y résister, elle aurait plus d'avantages à cantonner qu'à bivouaquer, car un cantonnement se défend plus aisément qu'un bivouac, surtout pour la cavalerie. Dans des circonstances semblables, il est à croire que l'on passerait la nuit au cantonnement-bivouac, à Mars-la-Tour ou à Tronville, par exemple, quitte à se couvrir efficacement par des avant-postes et à seller au petit jour.

Un fait certain est qu'à Vionville, la division Fortou n'est pas placée pour jouer son rôle de cavalerie d'armée. Elle est à proxi-

---

[1] *Rapport sur les opérations du 2e corps*, 82.
[2] Historique du 10e cuirassiers, *Revue d'Histoire*, III, 1903, 443.

mité immédiate du 2e corps, qu'elle ne couvre que fort insuffisamment et encore sur son front seulement. Le flanc gauche, le plus menacé, n'est nullement protégé par elle, ni par aucun autre groupe de quelque importance.

Les conséquences de cette erreur sont d'autant plus graves que le service de sécurité établi par Forton est tout à fait rudimentaire. Cinq grand'gardes sont disposées autour de sa division, se reliant à chacune des ailes aux avant-postes du général de Valabrègue. Le 7e cuirassiers en fournit deux, « fortes chacune environ d'un peloton », celle de droite reliée à une autre du 4e chasseurs (division Valabrègue), elle-même en liaison avec les grand'postes d'infanterie du 2e corps. Le 10e cuirassiers a une avant-garde d'un peloton à la gauche des précédentes, au nord de la route de Verdun et à l'est des bois de Tronville. Ces trois grand'gardes sont chargées « de surveiller spécialement le défilé des bois de la crête[1] », mission qu'on est sans doute fondé à considérer comme d'une clarté insuffisante. Leur gauche est en liaison avec les deux grand'gardes de dragons, l'une, deux pelotons du 1er régiment, au sud du chemin de Vionville à Tronville, observant entre ce village et Mars-la-Tour; l'autre, un peloton du 9e dragons, sur la croupe du cimetière de Vionville, se reliant par sa gauche à une grand'garde du 7e dragons (division Valabrègue), elle-même reliée aux avant-postes d'infanterie du 2e corps.

Ce système de sécurité est fort imparfait, il est à peine besoin de le dire. La ligne des grand'gardes est très rapprochée des bivouacs, quelques centaines de mètres au plus. Celles de cuirassiers, sans carabines, n'ont aucune force défensive, et leur utilité est, par cela même, très restreinte. Toutes sont dans le voisinage immédiat des bois de Saint-Marcel et de Tronville ou même de ce dernier village, couverts situés à moins de 1800 mètres de Vionville et faits pour permettre à l'ennemi de s'en approcher sans avoir été aperçu. Ces défauts sont si apparents que le général de Forton s'efforce d'y remédier dans une certaine mesure. La nuit venue, il fait doubler tous les postes de cuirassiers par des chasseurs de la division Valabrègue (4e régiment). Un poste de vingt dragons, à pied comme les

---

[1] Rapport Forton du 0 septembre.

précédents, est poussé dans l'angle de la route de Verdun et du chemin de Tronville, à hauteur des grand'gardes voisines. Enfin, pendant la soirée et la nuit, des reconnaissances et des patrouilles éclairent « à de grandes distances en avant ». Du moins, c'est ce que porte le rapport Forton du 9 septembre. En réalité, elles opèrent sur de si faibles parcours que Tronville, à 1200 mètres seulement, reste en dehors de leur action. C'est un peloton d'éclaireurs d'infanterie, celui du lieutenant Devaureix, qui fouille ce village le matin du 16[1]. La cavalerie ne s'est pas aventurée aussi loin ! Quant aux points plus éloignés, Mars-la-Tour, Puxieux, Gorze, Ars-sur-Moselle, ces derniers si dangereux par leur situation derrière un rideau de bois très proche de notre flanc gauche, aucun ne voit un seul cavalier français dans la soirée ou dans la nuit — sauf à l'état de prisonnier.

Dans ces conditions, le bivouac de la division, dont une partie s'étale aux vues de l'Ouest, est singulièrement exposé. Les avertissements ne font pas défaut. A plusieurs reprises, durant la nuit, des coups de feu sont tirés sur nos patrouilles ou nos vedettes. Les 7e et 10e cuirassiers subissent ainsi quelques pertes et le général de Gramont juge à propos de reporter à 800 mètres en arrière le camp de sa brigade[2]. Elle est ainsi au nord-est de Vionville, ayant son flanc gauche appuyé à une partie de la division Valabrègue. Celle-ci est bivouaquée à l'est de Vionville et à cheval sur la route.

Dans son nouvel emplacement, la brigade Gramont est un peu mieux masquée aux vues ; mais les deux régiments de dragons n'en restent pas moins à l'ouest de Vionville, imparfaitement dissimulés par la croupe qui précède immédiatement ce village dans la direction indiquée.

Tandis que la division Forton faisait timidement, à l'ouest de Mars-la-Tour, la pointe que nous avons décrite, le général du Barail avait l'ordre de se remettre en route sur Étain, comme le prescrivaient les instructions du 13 août. Il devait s'arrêter à Jarny[3].

---

[1] Notes du général Devaureix, 5 novembre 1900 (*Revue d'Histoire*, I, 1903, 695).

[2] Historique du 10e cuirassiers (*Revue d'Histoire*, II, 1903, 443) ; Rapport Forton du 9 septembre, *loc. cit.*

[3] D'après le journal de la 2e brigade (*Revue d'Histoire*, II, 1903, 434), la

Il vient d'y arriver vers 10 heures, après une escarmouche, quand le canon retentit au Sud-Est. C'est Redern qui engage sa batterie contre celles de Forton. Aussitôt du Barail fait débarrasser les chevaux d'une partie de la charge qui les accable[1]. Puis il marche rapidement au canon. En chemin, il rencontre un officier envoyé par Forton pour réclamer du secours et il accélère encore sa marche. Quand la division atteint les abords de Mars-la-Tour, la canonnade a déjà cessé et l'ennemi a disparu. Elle revient alors à Jarny, non sans donner la chasse à des patrouilles ennemies, qui perdent des prisonniers[2].

Dans ses *Souvenirs*, écrits avec tant de verve et d'*humour*, le général mentionne même la capture d'une centaine de cavaliers. Il faut singulièrement en rabattre. Il s'agit de *sept*, selon toute apparence[3]. C'est à ce maigre butin qu'aboutit l'heureuse initiative de du Barail, accomplissant cet acte si simple, mais alors si rare, marcher au canon, sans attendre des ordres, pour dégager un camarade dans l'embarras.

A Jarny, où est retournée la division, elle est en flèche par rapport à Forton, depuis la retraite de ce dernier sur Vionville. Du Barail juge nécessaire de la ramener à la hauteur de ce village, à Doncourt. Elle y bivouaque en couvrant les bagages du 4e corps, qui ont devancé le reste du corps d'armée. Une fusillade assez vive se fait entendre le soir et une partie de la nuit vers le château de Moncel et le moulin de Breuillot, où des patrouilles ennemies ont sans doute apparu. On y détache un escadron du 2e chasseurs d'Afrique [4].

---

division part vers 5 heures de Malmaison ; l'Historique du 2e chasseurs d'Afrique porte 9 heures, ce qui paraît moins éloigné de la vérité. Il paraît difficile, en effet, que la division ait mis *cinq* heures à parcourir *douze* kilomètres (de Malmaison à Jarny).

[1] Nos chevaux portaient alors, outre un paquetage très lourd et des rations d'avoine en nombre variable, des trousses de fourrage dans des filets.

[2] Rapport du général du Barail et journal de la division (*Revue d'Histoire*, II, 1903, 433, 434.

[3] Général du Barail, *Souvenirs*, III, 713 ; journal de la division et dépêche à un destinataire inconnu (général Jarras?) (*Revue d'Histoire*, 1903, 434, 436).

[4] Historique du corps (*Revue d'Histoire*, II, 1903, 436.

III

La cavalerie de Rheinbaben le 15 août.

Le 14 août, à 6 heures du soir, le prince Frédéric-Charles arrête l'ordre suivant pour la IIe armée : « Il n'est arrivé de Metz ici (Pont-à-Mousson) aucun autre renseignement notable.

« 1° Le Xe corps se rassemblera demain à Pont-à-Mousson, sur la rive gauche de la Moselle, en continuant de surveiller la vallée vers Metz et en renforçant son avant-garde ... [1] ». Puis viennent des prescriptions concernant la Garde, qui doit serrer sur Dieulouard, avec une avant-garde aux Quatre-Vents ; le IVe corps, qui ira sur Custines, son avant-garde et sa cavalerie sur Marbach ; le IIIe corps et la 6e division de cavalerie — qui lui est adjointe depuis les premiers jours d'août — qui marcheront sur Cheminot ; le IXe corps, qui restera à Buchy ; le IIe corps, qui se portera à Han-sur-Nied et Faulquemont ; le XIIe corps, qui marchera sur Nomeny et Solgne[2].

La IIe armée dispose de quatre divisions de cavalerie, les 5e et 6e, celles de la Garde et du corps saxon (XIIe). S'il est un cas où l'emploi en grand de cette arme s'impose, c'est assurément celui-là. Les corps de Frédéric-Charles bordent déjà la Moselle ou vont la border. Les prochaines opérations dépendent essentiellement des mouvements qu'opèrent alors nos troupes. Pour les découvrir, nul autre moyen que d'employer ces masses de cavalerie, en leur assignant comme objectifs de marche les trois routes qui, de Metz, se dirigent sur Verdun par Mars-la-Tour, Étain et Briey. Dans l'ordre du 14 août, aucune prescrip-

---

[1] Stationnée à la bifurcation des chemins de Pont-à-Mousson à Saint-Mihiel et à Thiaucourt ; d'autres détachements du 10e corps sont à Champey et à Vandières.

[2] Von Widdern, *Verwendung und Führung der Kavallerie*, IV, 317.

tion n'indique cette préoccupation de la part du prince. Ses quatre divisions de cavalerie sont subordonnées à des corps d'armée : deux, les 5e et 6e, par sa volonté expresse. Il ne mentionne qu'incidemment la 5e et la division de la Garde : « Ses deux brigades de cavalerie (celles de la Garde) pousseront plus avant et se mettront en relation avec la 5e division... » Quant à la 6e, il se borne à indiquer que, pour l'instant, elle doit suivre la fortune du IIIe corps.

Voyons comment le commandant du Xe, général von Voigts-Rhetz, traduit en prescriptions positives les intentions ainsi esquissées par le prince. Voici l'ordre qu'il donne (9 h. 30 du soir) dès la réception du précédent :

« ... Le Xe corps restera demain autour de Pont-à-Mousson, de sorte que la 19e division tienne la rive gauche; la 20e et l'artillerie de corps, la rive droite. La 19e division établira une avant-garde de 4 bataillons, 2 batteries et 2 escadrons à la croisée des chemins de Thiaucourt et de Flirey. Elle portera le détachement de Vandières à 2 bataillons, 1 batterie et 1 escadron... La 20e division fera relever par un détachement de 2 bataillons, 2 compagnies de chasseurs, 1 escadron et 2 pièces celui de la 19e à Champey... Le reste de la 20e division et l'artillerie de corps garderont leurs emplacements d'aujourd'hui...

« Le général von Rheinbaben restera à Thiaucourt et portera de fortes fractions vers la route de Verdun à Metz — par Mars-la-Tour —. La brigade Bredow, qui est arrivée aujourd'hui à Pont-à-Mousson, quittera son bivouac à 5 heures du matin et marchera sur Thiaucourt. Le général von Rheinbaben entretiendra la liaison avec la cavalerie de la Garde et, dès le point du jour, fera reconnaître par de nombreuses patrouilles les chemins vers la vallée de la Moselle... [1] »

Ainsi, le Xe corps se prépare à tenir le passage de cette rivière à Pont à Mousson, tout en portant des détachements à l'Ouest et au Nord ; le gros du corps d'armée reste même à l'est de la Moselle, affirmant une attitude défensive en pleine contradiction avec les événements antérieurs et aussi avec la situation générale. Il va jusqu'à redouter une surprise. A 11 h. 45 du soir, le commandant de l'artillerie de corps rend compte que son

[1] Von Widdern, *loc. cit.*, 318.

bivouac « paraît être... garanti contre une surprise sur la rive gauche comme sur la droite[1] ».

Quant à Rheinbaben, il doit stationner, lui aussi, à Thiaucourt, tout en poussant de forts partis vers « la route » de Metz à Verdun et en explorant activement dans la direction de la Moselle, dernière prescription qui s'explique mal, car ce n'est pas vers cette rivière qu'est le danger, mais bien vers le Nord. En somme, les instructions de Voigts-Rhetz ne sont pas pour aiguillonner ce général de cavalerie, qui en a pourtant le plus grand besoin, mais pour lui inspirer une prudence intempestive, dans un moment où il devrait surtout aller de l'avant.

C'est après minuit seulement que le commandant de la 5e division arrête son ordre pour le 15. Le général von Redern laissera l'un de ses trois régiments, le 10e hussards, à Saint-Benoît, sur le chemin de Thiaucourt à Verdun. Avec six escadrons (17e hussards, les 2e et 5e escadrons du 11e hussards) groupés à Beney et à Saint-Benoît et une batterie, il se portera, dès 4 heures du matin, sur Lachaussée. De là, il poussera des escadrons isolés vers la route de Metz à Verdun par Mars-la-Tour et au Nord. De Chambley, à l'Est, le capitaine von Baerst dirigera vers Rezonville, sur la même route, les deux escadrons dont il dispose (1er et 4e du 11e hussards).

Les deux partis ainsi portés vers cette chaussée auront comme soutien commun le 4e cuirassiers que le général von Barby dirigera dès 4 heures du matin de Thiaucourt sur Dommartin. Ce régiment reconnaîtra, lui aussi, vers la même route. Quant au reste de la brigade Barby, une partie (19e dragons, 3e escadron du 13e uhlans) demeurera à Thiaucourt « en réserve de la division »; deux escadrons (1er et 2e du 13e uhlans) resteront de même à Flirey; un autre (4e du 13e uhlans) est à Pagny, en reconnaissance vers Metz[2]. On voit combien vont être disséminées ces deux brigades. Groupés, leurs six régiments constitueraient une force sérieuse, susceptible de frapper un grand coup. Ainsi éparpillés en cinq groupes très espacés, dont le plus fort « en réserve » à Thiaucourt, ils ne seront nulle part à même d'obtenir un résultat appréciable. Singulier rôle que d'être « en

---

[1] Von Widdern, *loc. cit.*, 322.
[2] Von Widdern, *Verwendung und Führung der Kavallerie*, IV, 328.

réserve », pour des escadrons dont la puissance réside surtout dans le mouvement! Le général von Rheinbaben ne s'est réservé aucune part dans l'exploration du 15; il ne donne même pas des instructions fermes aux groupes envoyés vers la route de Mars-la-Tour.

Le 15 août, à 4 heures du matin, le Xe corps se tient prêt à combattre autour de Pont-à-Mousson. Mais nous n'y songeons guère.

L'armée du Rhin est en pleine retraite, de Metz vers le plateau de Gravelotte. Voigts-Rhetz ne tarde pas à se rendre compte qu'aucune attaque n'est à prévoir. Il porte sa brigade d'avant-garde à la bifurcation des routes de Flirey et de Verdun, le reste demeurant à Pont-à-Mousson.

Sur les entrefaites, deux officiers ont été envoyés vers Metz par les deux rives de la Moselle. L'un d'eux rend compte, de Corny, dès 6 heures du matin, que, la nuit précédente, on a entendu un fort roulement de voitures au Nord-Ouest. Une patrouille de la 6e division de cavalerie, « arrivée presque jusqu'à Gravelotte », y a trouvé des avant-postes français et entendu le bruit de troupes en marche sur Verdun[1].

Notre non-apparition devant Pont-à-Mousson et le rapport qui précède modifient brusquement les idées de Voigts-Rhetz. Il adresse à Rheinbaben de nouvelles instructions : le commandant de la 5e division va « immédiatement se porter en force sur Fresnes-en-Woëvre, c'est-à-dire vers la route de Verdun par Mars-la-Tour, pour essayer de nous arrêter. « Thiaucourt restera occupé par un régiment armé de carabines, qui servira de repli. » Dans la même dépêche Voigts-Rhetz annonce à Rheinbaben l'envoi d'une copie du rapport du lieutenant von Willich, copie que, par une mésaventure assez fréquente dans les états-majors, on oublie de joindre au susdit document[2].

---

[1] Compte rendu du lieutenant von Willich (von Widdern, *loc. cit.*, 331).

[2] Voigts-Rhetz à Rheinbaben, 8 heures du matin : « J'envoie à V. E. un rapport ci-joint, dont le contenu concorde avec d'autres renseignements reçus ici sur ce point que des troupes ennemies quittant Metz sont en retraite sur Verdun. Je prie V. E. de rompre immédiatement sur Fresnes en Woëvre avec des forces importantes (*mit starken Kraften*) et d'essayer de forcer l'ennemi à s'arrêter. Thiaucourt devra rester occupé par un régiment armé de carabines pour servir de point de repli. » (Rheinbaben à Voigts-Rhetz, 10 h. 5; von Widdern, *loc. cit.*, 332).

Ainsi Voigts-Rhetz, comme Frédéric-Charles, croit notre retraite beaucoup plus avancée qu'en réalité; il s'imagine qu'à Fresnes-en-Woëvre, Rheinbaben nous aura devancés ou atteindra de flanc nos colonnes. Cette opinion est admissible, en raison des renseignements parvenus jusqu'alors au commandant du Xe corps. Encore faudrait-il que la 5e division opérât groupée, de façon à constituer une force sérieuse, apte à remplir la tâche délicate qui lui incombera devant un ennemi supérieur en nombre. Au contraire, Voigts-Rhetz lui impose de laisser un régiment « armé de carabines » à Thiaucourt, qui n'est qu'un point sans importance, un village comme il y en a tant d'autres dans la Woëvre. S'il s'agissait d'un pont sur un cours d'eau non guéable, d'un défilé dans un pays peu praticable, passe encore. Mais, sur le plateau entre Meuse et Moselle, une position de repli gardée par de la cavalerie est pire qu'inutile. En cas d'échec, elle obligerait la division à choisir Thiaucourt comme direction de retraite, au lieu de lui laisser la liberté de se mouvoir à sa guise dans cette immense plaine si propre à ses évolutions.

C'est à 9 h. 45 que Rheinbaben reçoit à Thiaucourt l'ordre de Voigts-Rhetz. Quoique les dispositions qu'il a prises s'écartent beaucoup de celles qui lui sont prescrites, il se borne à en rendre compte. Ainsi, au lieu de se porter « avec des forces importantes » à Fresnes-en-Woëvre, il continue d'éparpiller sa division entre Lachaussée, Dommartin, Chambley, Les Baraques, avec ordre pour ces divers groupes de reconnaître la route de Verdun à Metz. Il nous croit évidemment moins avancés vers l'Ouest que ne fait le commandant du Xe corps.

Au moment où il va lui envoyer son compte rendu, il apprend, par un rapport daté de Lachaussée à 8 heures[1], que la brigade Redern n'a rencontré aucune troupe française sur la route de Verdun vers Latour-en-Woëvre et Hannonville. Par contre, le 4e cuirassiers a vu un régiment de dragons français près de Puxieux. Cette fois, Rheinbaben fait acte d'initia-

---

[1] Ce compte rendu porte que le capitaine Brauns, du 17e hussards, à Latour-en-Woëvre, et le capitaine von Knobeldsdorff, du 11e hussards, au delà d'Hannonville, n'ont aperçu aucune trace de l'ennemi snr la route de Verdun.

tive très justifiée en allant avec le 19e dragons vers ce village[1]. Le renseignement recueilli est en effet positif, mais incomplet. S'agit-il d'une avant-garde, d'un détachement de flanc ou d'une fraction de la garnison de Metz? Nos troupes en retraite par les routes d'Étain et de Briey ont-elles laissé vers Mars-la-Tour une arrière-garde pour masquer leur mouvement? Autant de problèmes encore à résoudre.

Cependant, les deux escadrons de Chambley (1er et 4e du 11e hussards) se sont portés à 5 heures sur Rezonville, en détachant des patrouilles vers Vionville et Mars-la-Tour. Il fait un brouillard épais qui ne se lève guère avant 7 heures. Dès 6 heures, du sud-ouest de Rezonville, le capitaine von Baerst observe une colonne de cavalerie, en force très supérieure, marchant sur la route de Verdun. C'est la division Forton. Sans attendre son attaque, il se retire par Xonville vers Lachaussée, où il sait que doit se porter le général von Redern, mais en continuant d'observer le flanc gauche de notre cavalerie. Forton le fait suivre, comme nous l'avons vu, par un escadron du 1er dragons, puis par ce régiment tout entier. C'est celui dont la présence vers Puxieux va être constatée par le 4e cuirassiers et qui décidera Rheinbaben à se porter dans cette direction avec le 19e dragons.

Quoi qu'il en soit, le capitaine von Baerst ramène ses escadrons à Xonville, où il rencontre ceux de Redern. Il a capturé quelques-uns de nos dragons, presque sans pertes pour ses hussards[2].

De son côté, Redern était à Lachaussée vers 8 heures du matin avec quatre escadrons et une batterie. Apprenant que de

---

[1] Pour donner une satisfaction apparente à Voigts-Rhetz, il a d'abord l'intention de porter sur Fresnes-en-Woëvre le 19e dragons, au lieu d'y aller lui-même « en force »; puis il dirige ce régiment sur Puxieux, au sud-ouest de Mars-la-Tour, estimant sans doute que les 3 escadrons du 10e hussards à Saint-Benoît-Béney, et les 3 escadrons du 13e uhlans à Thiaucourt suffiront dans la direction de Fresnes. (Voir dans von Widdern, *op. cit.*, 332, le compte rendu de Rheinbaben, 10 h. 5.)

[2] Voir le compte rendu du lieutenant von Salis, sans heure d'envoi. Rheinbaben ne le transmet au Xe corps qu'à 3 h. 30 du soir, et il n'arrive à Pont-à-Mousson qu'après le départ de Frédéric-Charles, qui est allé voir le IIIe corps (von Widdern, *loc. cit.*, 335, 336; Hoenig, *Darstellung der Strategie*, 48). Avant la guerre, le prince avait commandé plusieurs années ce corps d'armée.

la cavalerie française vient du Nord-Est sur Puxieux, il prend cette direction, non sans être rallié pendant sa marche par plusieurs des escadrons opérant aux environs, qui, comme lui. courent à l'ennemi. De la sorte, grâce à l'initiative des subalternes, les inconvénients de l'éparpillement sont moindres pour la division Rheinbaben. Peu à peu, outre les quatre escadrons et la batterie venant de Lachaussée, Redern groupe ainsi sous ses ordres deux escadrons des 11e et 17e hussards détachés sur Hannonville et Latour-en-Woëvre, les deux escadrons du capitaine von Baerst, le 10e escadron du 4e cuirassiers venant de Chambley. Au total : 9 escadrons[1], devant lesquels le 1er dragons, puis la brigade Murat entière se retirent vers Mars-la-Tour, comme nous l'avons vu. Redern pousse ainsi jusqu'à Puxieux et sa batterie ouvre le feu, d'abord des environs de Sponville, puis du sud de la ferme de Mariaville. Tout se borne à l'inoffensive canonnade que nous avons décrite. Les deux cavaleries se contentent d'observer leur adversaire, témoignant aussi peu l'une que l'autre du désir d'en venir au combat rapproché.

De la part des Prussiens, l'infériorité du nombre justifie jusqu'à un certain point cette attitude, bien qu'elle soit compensée par d'autres avantages. D'ailleurs, ils ne tardent pas à recevoir de nouveaux renforts, accourus au canon de tous les points de l'horizon, sans ordre ou en dépit d'ordres contraires, mais tous mus par un esprit de solidarité que l'on doit admirer et qui est loin d'exister chez nous. Ainsi, des trois escadrons laissés à Saint-Benoît sur le chemin de Thiaucourt à Verdun. De ses douze escadrons, un seul manque encore à Redern, celui qui explore vers Nancy. Par contre, le 4e cuirassiers s'est tout entier placé sous ses ordres. Au lieu de garder dans sa main ces quinze escadrons, Redern imagine de laisser les cuirassiers au sud-ouest de Puxieux, tandis qu'il se rapproche avec le reste de la route de Verdun, entre Hannonville et Mars-la-Tour.

Le général de Forton a disposé deux escadrons de dragons pied à terre à la lisière ouest de Mars-la-Tour. Leur feu arrête court les cavaliers allemands, bien qu'ils aient été renforcés d'un nouveau régiment, le 19e dragons, qui arrive des environs

---

[1] Huit, d'après von Widdern, *loc. cit.*, 339.

de Thiaucourt (midi 30). C'est un total de dix-neuf escadrons dont dispose Redern aux abords de Mars-la-Tour. Malgré son infériorité numérique, la division Forton se sent si peu menacée qu'elle abreuve ses chevaux dans le village[1].

Le général prussien finit néanmoins par se décider à une attaque; déjà il entame des mouvements préparatoires lorsque Rheinbaben survient à Puxieux (1 heure environ). Informé du projet de Redern, il en interdit l'exécution, sans la moindre hésitation, sous le singulier prétexte que « la supériorité numérique de l'adversaire ne laisse pas espérer le succès[2] ». Il a pourtant dix-neuf escadrons et une batterie à sa disposition, dont quatre escadrons, il est vrai, laissés par Redern au sud-ouest de Puxieux. Devant lui, Forton n'a que quinze escadrons [3] et deux batteries. Deux autres divisions, celles des généraux du Barail et de Valabrègue sont encore à une certaine distance, l'une vers Jarny, l'autre vers Rezonville. D'ailleurs, Rheinbaben ignore leur voisinage. Dans ces conditions, on s'explique mal que les Allemands ne prennent pas l'offensive.

Le commandant de la 5e division juge à propos d'adresser au général von Voigts-Rhetz le compte rendu suivant :

« Je suis arrivé à midi (?) avec cinq régiments et une batterie à Tronville; je me suis heurté à de la cavalerie ennemie et à une artillerie supérieure en force qui se retirent présentement sur Metz (?). La cavalerie légère (?) se rapproche en ce moment même de Metz (?). La brigade Bredow me rejoindra probablement bientôt aussi. J'ai l'intention de rester à Tronville ou en avant vers Metz; la liaison avec la Ire armée n'est pas encore rétablie »[4].

On remarquera sans doute le défaut de précision et même l'obscurité de cette dépêche. Il est difficile, encore aujourd'hui, avec tous les éléments de la situation sous les yeux, de se rendre compte de ce qu'a voulu dire Rheinbaben. A plus forte raison pour Voigts-Rhetz, qui n'a que des données insuffisantes. Il ne

---

[1] VON WIDDERN, *loc. cit.*, 342; voir trois rapports du lieutenant von Mackensen, du 17e hussards, datés de 11 h. 45, midi et 1 heure.

[2] *État-Major prussien*, I, 527.

[3] Un escadron du 10e cuirassiers est à l'escorte du train de la division.

[4] Compte rendu de 1 heure du soir (VON WIDDERN, *loc. cit.*, 345).

peut en conclure qu'une chose, c'est que, malgré notre supériorité numérique, nous avons cédé devant la pression de Rheinbaben pour nous retirer « vers Metz ». Cette retraite si prompte indiquerait qu'il s'agit d'une arrière-garde, d'un détachement de flanc ou d'une fraction de la garnison de la forteresse. Toutes ces suppositions sont admissibles.

Peu après l'envoi de ce compte rendu, d'autres renforts arrivent aux cavaliers prussiens : deux escadrons du 13e uhlans (1er et 3e); puis, après 2 heures, la brigade Bredow. Celle-ci est partie de Pont-à-Mousson, suivant l'ordre de Voigts-Rhetz, a parcouru 20 kilomètres « sous un soleil brûlant » et s'est installée au bivouac à Bouillonville, au sud-ouest de Thiaucourt, lorsqu'une estafette lui apporte l'ordre de rejoindre aussitôt Redern. Laissant à Bouillonville, on ignore pourquoi, le 13e dragons, Bredow part vers midi et arrive rapidement à Puxieux. Vers 2 h. 15, Rheinbaben dispose donc de 29 escadrons[1] et 12 pièces, c'est-à-dire de forces amplement suffisantes pour refouler la division Forton, même si elle était soutenue par ses deux voisines, celles de Valabrègue et de du Barail. Les escadrons allemands sont en effet groupés sous un seul chef, et les nôtres répartis entre trois; deux de ces groupes sont à une certaine distance. Le premier pourrait être battu avant leur intervention, ce qui présenterait des avantages certains. Rheinbaben aurait, en effet, la faculté de remplir sa mission, ce qu'il n'a pu faire encore. Un nouvel ordre de Voigts-Rhetz, daté de 9 h. 30 du matin, vient en effet de lui parvenir.

Cet ordre de 9 h. 30 a été provoqué par de nouvelles instructions de Frédéric-Charles, datées de Pont-à-Mousson, à 7 heures du matin : « Des fractions de la Ire armée ont hier, dans l'après-midi, rejeté sur Metz d'importantes forces ennemies[2]... Sa Majesté le Roi prescrit avant tout de porter les forces disponibles sur la

---

[1] Von Widdern, *Verwendung ung Führung der Kavallerie*, IV, 346, démontre que Rheinbaben dispose de 29 escadrons et non de 34, comme l'écrit l'Etat-Major prussien, ainsi que le général von Pelet-Narbonne et le major Kunz. Il manque à la division Rheinbaben (36 escadrons) : l'escadron Kleist, du 10e hussards, en exploration vers Nancy; le 4e escadron du 13e uhlans, encore vers la Moselle; le 2e du 13e uhlans à Thiaucourt, à la garde du train de la division; le 13e dragons à Bouillonville.

[2] Assertion fausse, basée sur des renseignements inexacts fournis par la Ire armée. Nous n'avons pas été rejetés sur Metz, mais nous avons repris,

rive gauche de la Moselle, vers la route Metz—Verdun et vers Metz, de manière à établir clairement si l'armée ennemie s'est déjà pour la majeure partie retirée de Metz ou si elle est en train d'opérer ce mouvement. Je désigne pour cela, sous les ordres de Votre Excellence, le Xe corps avec les deux brigades de la division de cavalerie Rheinbaben[1]. La cavalerie doit être portée aussi vite que possible jusqu'à la route de Metz à Verdun, et la suivre vers Metz, jusqu'à ce qu'on se rende compte avec certitude de la situation.

« La brigade de dragons de la division de cavalerie de la Garde, qui a passé cette nuit à Rogéville, recevra l'ordre de marcher sur Thiaucourt. Votre Excellence pourra y disposer d'elle.

« Il y aura lieu de chercher vers la gauche la liaison avec la Ire armée[2]... »

L'ordre de Frédéric-Charles parvient à 9 heures seulement à Voigts-Rhetz, bien que, comme le prince, il ait son quartier général à Pont-à-Mousson. A 9 h. 30, il établit une « deuxième disposition » pour le 15 août. On va voir que ce n'est pas sans déformer encore davantage la pensée initiale de Moltke :

« Des fractions de la Ire armée ont hier, dans l'après-midi, rejeté vers Metz d'importantes forces ennemies... La 5e division de cavalerie, la brigade de dragons de la Garde et la 19e division d'infanterie (le roi mentionnait les « forces disponibles » sur la rive gauche) se porteront dès aujourd'hui sur la route de Metz à Verdun. Le général von Rheinbaben a déjà été invité à marcher sur Fresnes-en-Woëvre. Je lui renverrai le régiment qu'il a laissé Thiaucourt, aussitôt que d'autres troupes seront arrivées en cet endroit. De Fresnes il fera face à Metz et marchera le long de la route de Metz à Verdun vers Metz jusqu'à ce qu'il se rende compte de la situation[3]. Il cherchera vers la gauche la liaison

---

après la bataille de Borny, un mouvement de retraite commencé avant l'action.

[1] Moins la brigade Bredow, qui avait bivouaqué immédiatement à l'est de Pont-à-Mousson et se porta ensuite vers Thiaucourt, où elle arriva entre 11 heures et midi (CARDINAL VON WIDDERN).

[2] CARDINAL VON WIDDERN, IV, 365.

[3] *Bis er Einsicht in die Verhältnisse bekommt.* L'ordre du prince Frédéric-Charles portait : *Bis sichere Einsicht in die Verhältnisse gewonnen ist.* La nuance est marquée.

avec la cavalerie de la Ire armée. Il me rendra compte ce soir du point où il passera la nuit et établira des relais pour se relier avec moi[1] ».

Ainsi, la tâche primitive de la 5e division était « de tenter d'arrêter l'ennemi » (*versuchen den Feind zum Stehen zu bringen*), suivant les termes de l'ordre du Xe corps, daté de 8 heures du matin. Sur de nouvelles instructions de Frédéric-Charles, Voigts-Rhetz prescrit à Rheinbaben de remonter la route de Metz à Verdun jusqu'à ce qu'il puisse « se rendre compte de la situation ». On suppose évidemment que notre armée est moins avant vers l'Ouest qu'on ne l'avait admis tout d'abord. La mission de la 5e division reste pourtant de nature offensive, ce qui ne cadre guère avec son attitude dans cette journée du 15 août.

Quant à la recommandation d'établir la liaison avec la Ire armée vers la gauche, c'est-à-dire au nord de la route de Metz à Verdun, elle est basée sur une supposition fausse, celle que la Ire armée aura, comme la IIe, jeté de la cavalerie à l'ouest de la Moselle pour explorer au nord-ouest de Metz. Il n'en est rien. Les deux divisions de cavalerie dont dispose Steinmetz n'ont pas imité l'activité, d'ailleurs toute relative, des 5e et 6e divisions de leur arme.

Au résumé, en descendant du chef d'état-major du roi à la 5e division, la pensée directrice s'est affaiblie sensiblement.

Nouvelle preuve que le rattachement au Xe corps de la 5e division de cavalerie est une erreur de Frédéric-Charles. Sauf quand il s'agit de périodes très limitées et en vue d'un but précis, les divisions de cavalerie isolées ou réunies en groupes ne peuvent dépendre que du commandant de l'armée, seul à même d'orienter nettement leur marche et de préciser leur objectif. La multiplication des transmissions conduit nécessairement à rendre moins précis les ordres d'exécution.

Pour en revenir à Rheinbaben, ce n'est pas le contact passager des escadrons de Forton qui a pu suffire à l'éclairer sur la situation générale. Il faut qu'il déchire le voile et pénètre jusqu'à l'infanterie de l'armée du Rhin. Pour cela, nul autre moyen que le combat. Mais Rheinbaben n'est pas plus entreprenant, il n'a pas plus de mordant, d'esprit cavalier que le marquis de Forton;

---

[1] Cardinal von Widdern. IV, 365.

il se contente donc des maigres résultats obtenus. Si, dans la soirée, malgré son inaction relative, il parvient à recueillir des renseignements d'une haute valeur, il le devra uniquement à « l'incroyable négligence » de notre service de sûreté[1]. Encore ces renseignements si précieux ne parviendront-ils pas en temps opportun au commandant de l'armée.

Pour justifier cette attitude d'une prudence exagérée, on a mis en avant la fatigue des chevaux. Mais elle n'est pas telle qu'une charge leur soit interdite. D'ailleurs, les nôtres sont plus épuisés encore, après tant de marches si mal réglées et sous le poids accablant d'un paquetage très mal compris. Comme ceux de l'ennemi, ils sont en route depuis 4 heures du matin. Sous ce rapport, les deux adversaires n'ont rien à s'envier.

Quoi qu'il en soit, Forton et Rheinbaben installent leurs bivouacs à très courte distance l'un de l'autre. Le premier a ses deux brigades à l'ouest de Vionville, comme nous l'avons vu. Quant à la division Rheinbaben, la brigade Barby bivouaque au sud-ouest de Puxieux, puis, dans la soirée, au nord de Xonville; celle de von Redern au nord du même point; la brigade Bredow à l'est de Suzemont, sur la route de Verdun[2].

A 3 heures du soir, Rheinbaben adresse à Voigts-Rhetz ce

---

[1] Von Widdern, *loc. cit.*, 349; général von Pelet-Narbonne, *Revue de Cavalerie*, XXX, 661, reproduisant l'opinion du major Kunz.

[2] D'après Cardinal von Widdern, IV, 368, la brigade Barby bivouaque d'abord immédiatement au sud-ouest de Puxieux, avec « ses vedettes jusqu'à Tronville ». Vers le soir, la vivacité du feu de nos avant-postes conduit à la ramener au nord de Xonville.

Il y a d'abord aux avant-postes le 2e escadron, puis le 3e du 19e dragons. Leurs vedettes, à Tronville, vont à 2,000 mètres seulement du bivouac de la brigade Murat, situation assurément peu commune.

La brigade Redern et l'état-major de la division sont dans un fond au nord-est de Xonville, l'escadron von Kotze, du 10e hussards, poussé en avant vers Mariaville. La brigade a également un poste vers Les Baraques, à l'est de Chambley.

La brigade Bredow est sur la route de Metz à Verdun, à l'est de Suzemont; le 7e cuirassiers et la batterie au sud, le 16e uhlans au nord de la route. Chacun de ces régiments a un escadron aux avant-postes, l'un avec le front vers l'Est, dépassant Mars-la-Tour, l'autre probablement face au Nord, pour garder le flanc gauche. Le 13e dragons, qui arrive de Thiaucourt, est à Xonville seulement vers minuit. A 6 heures du matin, il repart pour Suzemont. La ligne Xonville—Hannonville sur laquelle sont installés les bivouacs de la 5e division, est à 7k,500 seulement du bivouac le plus avancé de l'armée française (brigade Murat).

nouveau compte rendu : « Six régiments de cavalerie (?) et trois batteries (?) viennent de se trouver devant moi et ont été refoulés (?) sur Metz. J'établis des avant-postes à l'ouest du bois de Dame[1], la gauche sur la route de Metz à Verdun. Je ne puis pousser plus avant, faute d'eau (?)..... On cherche la liaison avec la Ire armée. Pertes minimes[2]. » Il n'est pas besoin de souligner les inexactitudes de ce rapport. Elles sont flagrantes et le rendent peu propre à éclairer le commandement. Pour lui, la conclusion à en tirer est que nous avons devant Rheinbaben des forces très restreintes. C'est déjà, nous le savons, la tendance dominante chez nos adversaires. Ils ne peuvent qu'en être trompés plus lourdement au sujet de notre situation.

Un peu plus tard, sans doute avant 5 heures, Rheinbaben rend compte qu'il y a de l'infanterie et de l'artillerie françaises à Ancy, sur la Moselle, mais que, pour l'instant, « il n'y a pas un ennemi à voir » dans la direction de Metz : « *In der Linie von Metz, ist augenblicklich kein Feind zu sehen*[3]. » Affirmation d'une fausseté incompréhensible, de nature à tromper entièrement Voigts-Rhetz et Frédéric-Charles, surtout étant donné l'oubli de l'heure et du point de départ de ce singulier compte rendu.

D'ailleurs, des rapports que reçoit Rheinbaben ne tardent pas à modifier sa pensée. De plusieurs côtés on signale des avant-postes de cavalerie et d'infanterie française en face de lui. On aperçoit même à courte distance de ce réseau un grand bivouac vers Rezonville, celui du 2e corps[4]. Deux officiers, lieutenants von Hirschfeld et Dietze, ont été envoyés en reconnaissance vers 5 heures, de Mariaville sur Vionville. Le premier repousse à coups de fusil une grand'garde de cuirassiers; une autre grand'-

---

[1] Bois immédiatement au nord du chemin de Sponville à Xonville, au milieu de l'intervalle de ces deux villages. Il avait été défriché, mais figurait encore sur notre carte d'état-major.

[2] Von Widdern, IV, 347. Ce rapport parvient à l'état-major de la IIe armée avant l'envoi de l'ordre de 7 heures du soir (Hoenig, *Darstellung der Strategie*, 50).

[3] Compte rendu sans lieu ni date, arrivé à 8 heures du soir au quartier général du Xe corps, Pont-à-Mousson (von Widdern, *loc. cit.*, 371).

[4] Extrait du *Tagebuch* du général von Damnitz, alors lieutenant au 19e dragons et commandant une grand'garde à l'est de Puxieux (von Widdern, *loc. cit.*, 374).

garde de cavalerie que rencontre le second tire si vivement qu'elle donne l'impression d'infanterie. Il n'en constate pas moins qu'il y a, bivouaquée sur les pentes à l'ouest de Rezonville, une masse de toutes armes qu'il évalue assez exactement à 20,000 hommes[1] « occupés à faire la soupe ».

Ce rapport n'est pas encore parvenu à Rheinbaben qu'il adresse à Voigts-Rhetz un nouveau compte rendu (5 heures) : « D'après un rapport reçu à l'instant, de l'infanterie (?) marche dans la direction de Tronville et de Puxieux. Il serait à souhaiter que de l'infanterie fût envoyée de Thiaucourt sur Dommartin. Une reconnaissance a établi que des vedettes ennemies sont à Vionville et un grand camp de toutes armes vers Rezonville[2]. » C'est, pour le commandement suprême, un renseignement de la plus haute importance.

Jusqu'alors on n'a observé à l'ouest de Metz que de la cavalerie : on pouvait admettre qu'elle couvrait la retraite de notre armée ou qu'elle flanquait sa marche. La présence d'infanterie en force à l'ouest de Rezonville indiquerait au contraire que nous n'avons pas encore poussé aussi loin vers l'ouest qu'on l'admettait jusqu'alors, ou que nous avons constitué une très forte arrière-garde en nous dérobant au nord-ouest.

Malgré son intérêt majeur, le rapport de Rheinbaben ne dépasse pas, selon toute apparence, l'état-major du Xe corps. Il y arrive sans doute vers 6 h. 30, bien que l'original conservé aux Archives de Berlin porte 5 h. 30, par erreur. On le considère comme « sans importance particulière[3] », et on l'enfouit très probablement dans un carton. S'il parvient, en copie, à l'état-major de la IIe armée, c'est pour tomber entre des mains inconscientes de sa valeur. Un fait certain est qu'il n'entre pour rien dans l'élaboration des ordres pour le 16. Pareil destin échoit au rapport du lieutenant Dietze. On ignore même s'il parvient à

[1] *Etat-Major prussien*, I, 328 ; von Widdern, *loc. cit.*, 377.

[2] Daté de Xonville (von Widdern, *loc. cit.*, 377). D'après Hoenig, *Darstellung der Strategie*, 50, ce rapport est établi d'après le compte rendu du capitaine von Heister, de l'état-major du Xe corps.

[3] *Einzelschriften* de l'Etat-Major prussien, XXV, 87, d'après les Souvenirs de deux des officiers de l'état-major de la IIe armée, les généraux von Haeseler et von der Goltz (von Widdern, *loc. cit.*, 378).

l'état-major du Xe corps[1]. Double négligence qui montre combien la transmission des renseignements, même les plus importants, laisse parfois à désirer chez nos adversaires.

Ainsi, faute chez nous d'un véritable service de sécurité, la division Rheinbaben a recueilli beaucoup plus de données qu'elle ne pouvait s'y attendre; mais le commandement n'en est pas mieux éclairé quant à la conduite générale des opérations[2]. Si Voitgs-Rhetz et surtout son chef d'état-major, lieutenant-colonel von Caprivi, peuvent saisir les grandes lignes de la situation, le prince Frédéric-Charles les ignore entièrement dans la soirée du 15.

L'ordre de Voigts-Rhetz portait que la division Rheinbaben devait chercher la liaison avec la Ire armée. C'est le 1er escadron du 16e uhlans qui en est chargé par le général von Bredow. Il doit se porter sur Jarny et de là détacher des patrouilles vers le Nord, où l'on suppose à tort que les deux divisions de cavalerie de Steinmetz ont détaché des partis.

On s'explique mal, d'ailleurs, le choix, pour une mission de ce genre, d'un escadron non pourvu de carabines. Il pourrait être aisément compromis.

Quoi qu'il en soit, il dépasse Mars-la-Tour vers 3 h. 30, atteint Jarny, qu'il fait fouiller par son avant-garde. Celle-ci a déjà traversé ce dernier village, quand le capitaine von Wulffen aperçoit dans un fond, vers l'Est, une troupe au bivouac. C'est, croit-il après un examen sommaire, un bataillon avec deux escadrons. En réalité, il s'agit tout uniment du train de la division du Barail, sans aucune infanterie.

Au même instant, le peloton d'avant-garde des uhlans se heurte à des avant-postes français et se retire aux allures vives,

---

[1] Von Widdern, *loc. cit.*, 379; Hoenig, *Darstellung der Strategie*, 51; von Pelet-Narbonne, *Revue de Cavalerie*, XXX, 663; *Einzelschriften*, XVIII, 533. Ce compte rendu serait parti de Mariaville après 5 h. 30. C'est celui qui figure dans la relation de l'État-Major prussien (I, 528) sous le nom du capitaine von Kolze, qui commandait l'escadron.

[2] Avant l'arrivée des comptes rendus de 5 heures et 5 h. 30, le lieutenant von Podbielski, de l'état-major du Xe corps, qui avait accompagné le 15 une reconnaissance du 11e hussards, rend compte à Caprivi que, d'après ses observations personnelles, nous sommes encore sous Metz et qu'il y aura le lendemain une grande bataille (Hoenig, *Beiträge zur Schlacht von Vionville—Mars-la-Tour*, 62).

suivi de près par des chasseurs d'Afrique. Non sans peine, l'escadron gagne Hannonville et, de là, le bivouac de son régiment. Pour des résultats nuls, cette reconnaissance coûte au 16e uhlans des pertes sérieuses[1], dues surtout à la maladresse du capitaine von Wulffen, En même temps, un détachement envoyé en réquisition à Moncel est, d'après son dire, attaqué par « une compagnie ». Or, nous n'avons pas d'infanterie dans cette direction.

Rheinbaben n'en rend pas moins compte (7 h. 45 du soir), que l'escadron envoyé vers la Ire armée s'est heurté à quatre escadrons et un bataillon ennemis vers Jarny. Il ajoute qu'en cas de nécessité, lui-même se retirerait sur Verdun[2]. Ce singulier rapport, si bien fait pour égarer le commandement allemand, n'atteint, malheureusement pour nous, Voigts-Rhetz que le matin du 16, à Woël, lorsque le commandant du Xe corps a déjà quitté Thiaucourt[3]. Il n'a donc aucun effet sur ses décisions.

Un autre escadron du 16e uhlans, le 2e, a été porté vers Mars-la-Tour en repli du 1er. Ses patrouilles capturent un ouvrier allant de Metz à Verdun. Interrogé, cet homme, qui se prétend Allemand, déclare que les villages entre Metz et Vionville sont bondés de troupes, au moins 100,000 hommes. Napoléon III était à Metz le soir du 14 (détail inexact, l'empereur étant parti de Metz dans l'après-midi), mais, depuis, il aurait quitté l'armée; le quartier général de Bazaine est à Gravelotte.

Ce sont là des renseignements du plus haut prix, dépassant par l'intérêt qu'ils présentent tout ce qui a été recueilli le 15 août. Pourtant, pas plus que les précédents ils ne parviennent à Frédéric-Charles. Le capitaine von Porembsky envoie l'ouvrier avec un sous-officier au commandant du 16e uhlans. Ce prisonnier disparaît dès lors et l'on ne retrouve plus aucune trace de sa déclaration ni de lui-même. Peut-être le sous officier, embarrassé de sa capture, l'aura-t-il dépêché sans forme de procès? Toujours est-il vrai que Rheinbaben, Voigts-Rhetz et, *à fortiori*, Fré-

---

[1] 4 tués, 9 blessés, 3 hommes et 18 disparus (von Pelet-Narbonne, *loc. cit.*, 665; von Widdern, 381).

[2] Von Widdern, 383.

[3] Hoenig, *Darstellung der Strategie*, 52.

déric-Charles ignorent ce qu'un hasard heureux a appris à Porembsky.

Un instituteur capturé vers Ancy fait des déclarations analogues, mais le colonel von Lyncker s'empresse de les communiquer à Voigts-Rhetz (7 h. 45 du soir) [1]. Nouvelle preuve qu'il ne suffit pas de recueillir des renseignements; il faut encore les transmettre à temps.

---

[1] VON WIDDERN, 385; VON PELET-NARBONNE, *Revue de Cavalerie*, XXX, 666, 667, d'après les souvenirs du lieutenant-colonel von Porembsky. Voir au sujet de la declaration de l'instituteur le compte rendu du capitaine von Blumenthal sans date, ni heure, ni lieu d'origine. Ce rapport n'atteignit l'état-major du corps d'armée qu'après l'établissement de l'ordre pour le 16 (11 h. 30 du soir) (VON WIDDERN, 390.)

IV

Surprise de la division Forton (16 août).

Dans la matinée du 16 août, la situation de l'armée du Rhin est la suivante. La division Forton est encore aux abords de Vionville, sur la route de Mars-la-Tour, et celle du général du Barail à la même hauteur, sur la route d'Étain. Les 2e et 6e corps sont un peu en arrière, vers Rezonville; une partie du 3e corps est vers Saint-Marcel; le reste et le 4e corps s'échelonnent encore jusqu'à la Moselle; la garde impériale et la réserve d'artillerie sont autour de Gravelotte.

Du côté de l'ennemi, la IIe armée a entamé le passage de la rivière; la 5e division de cavalerie et le Xe corps menacent, comme nous l'avons vu, de couper la route de Mars-la-Tour; le IIIe corps et la 6e division de cavalerie sont dans la vallée, prêts à marcher sur la même route. Le reste de l'armée s'échelonne à gauche ou en arrière. La Ire armée est encore tout entière sur la rive droite.

D'après les ordres du maréchal Bazaine, nos troupes devaient être prêtes à partir de grand matin, afin de se diriger sur Verdun. L'empereur, qui les devance par la route d'Étain, vient à peine de se mettre en marche que le commandant en chef suspend le mouvement, sous couleur de donner aux éléments en retard le temps de serrer sur les têtes de colonne. On le reprendra dans l'après midi. Mais l'ennemi en a décidé autrement.

La nuit a été fraîche; la matinée est magnifique; tout fait prévoir une chaleur brûlante. La division Forton occupe à peu près ses emplacements de la veille. La brigade Murat est encore bivouaquée sur deux lignes, au sud de la route de Mars-la-Tour, immédiatement à l'ouest de Vionville, les deux batteries en troisième ligne. La brigade Gramont est en arrière à droite, également sur deux lignes, de chaque côté du chemin de Flavigny à Saint-Marcel, la division Valabrègue à sa gauche [1].

La nuit a été troublée par des coups de feu tirés sur les avant-postes du 10e cuirassiers. Au jour les reconnaissances signalent la présence de « cavaliers peu nombreux » dans la direction de Mars-la-Tour et de Tronville [2]. Ils ne tardent pas à engager le feu contre nos vedettes. Le général de Forton juge suffisant de faire soutenir ces dernières par des dragons du 1er régiment, à pied. Lui-même gravit à plusieurs reprises, également à pied, le petit mamelon à l'ouest de Vionville. Il n'aperçoit, écrira-t-il plus tard [3], « que des cavaliers isolés, appuyés à de très grandes distances par un peloton peu nombreux (*sic*) », se montrant dans la direction de Tronville à Puxieux.

Une circonstance contribue à sa quiétude. Le capitaine Arnous-Rivière, des Éclaireurs du grand quartier général, corps franc tout récemment organisé, a été mis à la disposition du général Frossard. Vers minuit, ce dernier lui prescrit d'éclairer les routes de Mars-la-Tour et de Chambley, puis de se mettre en relation avec la division Forton [4]. A 6 heures du matin, Arnous-Rivière rend compte à Frossard qu'il croit Mars-la-Tour occupé par « peu de monde ». Les issues de Tronville avaient été barricadées pendant la nuit, mais ce village est vide « pour le moment » [5]. Une reconnaissance plus sérieuse, celle du lieutenant Devaureix, du 66e, rapporte sur le voisinage de l'ennemi des renseignements précis qui, sans doute, restent ignorés du général de Forton, de même qu'ils sont dédaignés de Frossard. « Au quartier général... , l'on faisait dire à notre colonel de ne plus envoyer de renseignements, qu'on avait ceux de la cavalerie et qu'il voyait des Prussiens partout. Le général Valazé protesta contre

---

[1] Rapport du général de Forton au général Desvaux, commandant le corps de cavalerie, 9 septembre 1870, *L'Armée du Rhin*, p. 278.

[2] Rapports du général de Forton. 18 août et 9 septembre, le premier d'après les *Episodes de la guerre de 1870*, p. 59.

[3] Rapport Forton, 9 septembre.

[4] Instruction du procès Bazaine, déposition n° 329 du capitaine Arnous-Rivière, citée par la *Revue d'Histoire*, IV, 1903, p. 339.

[5] Rapport Forton, 9 septembre.

cet avis en prévenant que nos grand'gardes échangeaient déjà quelques coups de fusil [1].. .»

Quoi qu'il en soit, vers 8 h 30, ordre est donné au 2e corps et à la division Forton de desseller et de faire boire les chevaux.

Le général Frossard donne, dit-on, l'ordre suivant : « Les reconnaissances de cavalerie viennent de rentrer; elles n'ont signalé l'ennemi nulle part; on peut faire la soupe [2]. » Aussitôt de nombreuses corvées vont au bois, à l'eau, aux distributions; de tous côtés, les feux s'allument et les marmites s'emplissent. Pourtant les grand'gardes des 1er, 9e, 7e et 12e dragons signalent l'approche de l'ennemi, qui s'avancerait « en grandes masses. » Le général de Forton est avisé que « des forces plus nombreuses » semblent « vouloir déboucher des bois de Tronville et que la cavalerie » se montre « dans la plaine du côté de Mars-la-Tour [3]. »

Envoyé en reconnaissance, le capitaine de Saint-Arroman rend compte également « de l'arrivée de colonnes prussiennes sur notre gauche, au delà de Tronville [4] ». Vers 6 heures du matin les grand'gardes du 66e, celles de la division Vergé plus à l'Est ont déjà signalé des cavaliers allemands à la lisière du bois de Vionville [5]. Une sourde inquiétude se répand dans nos bivouacs.

« Chacun sentait l'heure approcher [6]. » Prévenu, Forton se

---

[1] W. (général de Waldner-Freundstein). *Rezonville*, p. 7 (Extrait du *Spectateur militaire*). Voir la livraison de mars.

[2] Dick de Lonlay, *Français et Allemands*, t. III, p. 15. Le rapport du général Frossard (*Revue d'Histoire*, III, 1903, p. 667) confirme la rentrée des reconnaissances vers 8 heures, sans qu'elles signalent « rien de particulier ».

A en croire le général de Waldner-Freundstein (*Rezonville*, p. 9), l'avis reçu par le 55e vers 8 h. 30, au sujet de la rentrée des reconnaissances, se rapportait à la soirée de la veille. Il aurait été retardé dans la transmission. Cette explication ingénieuse ne parait pas exacte, car Frossard ne fit rien pour redresser ce qui aurait été une fausse interprétation de ses ordres.

[3] Historique du 1er dragons; voir aussi les historiques des 9e, 7e et 12e dragons, *Revue d'Histoire*, IV, 1903, p. 412 et I, 1904, p. 675; Rapport Valabrègue, 20 août, *ibid.*, IV, 1903, p. 407.

[4] Rapport du colonel Ameller, du 66e, 18 août; Journal de marche de la division Vergé et rapport du général Jolivet, 16 août (*Revue d'Histoire*, III, 1903, p. 603, 672, 678).

[5] Rapport du général de Forton, 9 septembre.

[6] Historique du 1er dragons; voir l'historique du 67e de ligne et la relation du chef d'escadron Le Flem, alors adjudant au 9e dragons, *Revue d'Histoire*, IV, 1903, p. 485 et I, 1904, p. 876.

porte encore sur la crête à l'ouest de Vionville, avec le prince Murat et son chef d'état-major, colonel Durand de Villers. « Il s'arrêta à peu près à la hauteur du front de bandière, sans sortir de la route. Le colonel Reboul (du 9e dragons) s'était joint au général, et plusieurs dragons se tenaient groupés un peu en arrière. Grâce à sa haute stature, le colonel chef d'état-major découvrait sans doute tout le terrain en avant vers la gauche, qui devait échapper à la vue du général de division, qui était de très petite taille. Après avoir regardé un moment vers la gauche, le chef d'état-major se retourna vers le général et lui dit à haute voix : « Mais, mon général, ce qu'on vous signale, c'est le 4e corps qui nous rejoint. » Satisfaits, au moins en apparence, de cette invraisemblable explication, les deux généraux et leur entourage redescendent vers Vionville[1], sans qu'aucun ordre soit donné.

Ainsi, de tous les côtés, Forton a été avisé de l'approche de l'ennemi. On ne peut comprendre en vertu de quelle aberration ces avis ne provoquent de sa part aucune disposition nouvelle.

Le commandant du Xe corps, général von Voigts-Rhetz, a donné à la 5e division de cavalerie l'ordre de se porter vers le bivouac qu'elle avait signalé à l'ouest de Rezonville et de « saisir la première occasion d'attaquer[2] ». Quoique le gros du corps

---

[1] Relation du chef d'escadron Le Flem. L'historique du 1er dragons confirme ces détails, moins ceux relatifs au 4e corps. Dans son rapport du 18 août, Forton écrit qu'à 9 h. 30 les grand'gardes annoncent l'arrivée de deux régiments de cavalerie venant de Puxieux.

En réalité le 4e corps est en marche sur la droite et non sur la gauche de la division Forton.

[2] Ordre de 11 h. 30 du soir :

« La retraite de l'armée ennemie vers la Meuse est en cours d'exécution. La IIe armée l'y suit.

« Le Xe corps continuera sa marche sur Verdun.

« Le général von Rheinbaben, devant lequel aujourd'hui une division de cavalerie ennemie s'est retirée sur Metz et qui a en face de lui, près de Rezonville, un camp de toutes armes, se portera demain matin vers ce bivouac et cherchera en même temps à reconnaître la route de Metz à Conflans. Il saisira toutes les occasions d'attaquer l'ennemi. Le 13e dragons et deux batteries à cheval... ont reçu directement l ordre de... rallier le général...

« A 4 h. 30, je me rendrai sous l'escorte d'un escadron du 13e dragons, d'abord auprès du général von Rheinbaben, puis sans doute à mon quartier général de Saint-Hilaire... » (*Einzelschriften*, XXV, p. 2 et suiv.).

d'armée continue de marcher vers la Meuse, il semble que son chef considère la tâche de Rheinbaben comme la plus importante et la plus délicate. Sa première idée est de se rendre auprès de lui, pour infuser plus de mordant à sa division, qui en a grand besoin. Il se décide ensuite à y envoyer son chef d'état-major, lieutenant-colonel von Caprivi, avec la même mission. Il donne à cet officier, qui possède toute sa confiance, une forte escorte pour le cas où Rheinbaben aurait devant lui plus de forces qu'on ne le prévoit. Il met même à sa disposition un nombre assez grand d'officiers pour qu'il puisse modifier aussi vite que possible les directions de marche des différentes colonnes du Xe corps. D'avance, il l'y a pleinement autorisé[1].

Caprivi rejoint Rheinbaben vers 3 heures du matin. Il est reçu « très froidement ». Depuis la veille à 5 heures du soir[2], la division n'a pas recueilli de renseignement nouveau. On sait par les habitants qu'aucune de nos troupes n'a dépassé Saint-Hilaire, sur la route de Mars-la-Tour. On ignore si des colonnes ont suivi la route d'Étain, mais l'impression très nette de Rheinbaben est que notre armée n'a pas encore quitté Metz. La cavalerie française, dit-il à Caprivi, doit avoir « son appui vers Metz et aux environs ; c'est de ce côté qu'elle se replie lorsqu'on lui offre le combat, et c'est de Metz que viennent les gros paquets ». Il en conclut que rien n'a encore passé ; que les Français sont toujours à Metz ; mais, la certitude, il ne l'a pas[3], malgré ses trente-quatre escadrons et l'inertie sans limites des nôtres.

En dépit des instructions très précises apportées par Caprivi et de son insistance personnelle, Rheinbaben ne se met en mouvement que lorsqu'on lui signale l'approche du IIIe corps venant de la Moselle[4]. Encore n'est-il nullement disposé à exécuter la reconnaissance offensive que lui a prescrit Voigts-Rhetz en termes formels : « Le général von Rheinbaben, devant lequel

---

[1] CARDINAL VON WIDDERN, *Kritische Tage, Die Krisis von Vionville*, p. 90, d'après le premier projet d'ordre du Xe corps pour le 16 août.

[2] Heure de l'envoi de la dépêche annonçant l'existence d'un grand bivouac de toutes armes à l'ouest de Rezonville.

[3] Déclaration de Rheinbaben à Caprivi, d'après les confidences de ce dernier. (Fritz HŒNIG, *Darstellung der Strategie*, p. 77).

[4] Les détails que donne Hœnig, *loc. cit.*, montrent combien la direcion de Rheinbaben est incertaine et mal assurée.

aujourd'hui (15 août) une division de cavalerie ennemie s'est retirée vers Metz, et en face duquel est un camp ennemi de toutes armes, se portera demain matin sur ce camp et cherchera en même temps à reconnaître la route de Metz à Conflans. Il saisira la première occasion favorable pour attaquer l'ennemi.. ..[1] »

La brigade Redern précède le gros de la division. Partie à 6 heures du matin de Xonville, elle s'arrête à l'ouest du ravin de Puxieux avec les quatre batteries à cheval dont dispose Rheinbaben.[2] A 8 h. 30 seulement, Redern reprend sa marche sur Vionville, par le sud de Tronville. Derrière lui, la brigade Bredow va de Suzemont sur Mars-la-Tour, par la route de Verdun, et la brigade Barby, qui forme réserve, de Xonville sur Tronville.

Redern se fait précéder de trois escadrons du 10e hussards[3] et d'une batterie, en avant-garde. A courte distance viennent, en ligne de masses, les 11e et 17e hussards, avec les trois autres batteries dans leur intervalle[4].

On sait déjà, par les avant-postes, qu'il y a immédiatement à l'ouest de Vionville un bivouac de cavalerie française dont la seule occupation paraît être de faire la soupe et d'abreuver les chevaux.

Jusqu'à Tronville, le 10e hussards ne rencontre aucune patrouille ennemie.

Lorsque Caprivi et le lieutenant von Podbielski entrent dans Tronville, précédant l'artillerie de l'avant-garde, le village est plein de cavaliers français, dont un seul armé[5], venus à l'abreuvoir.

Naturellement, l'apparition de l'ennemi provoque parmi eux un désordre effroyable[6].

---

[1] *Einzelschriften* de l'Etat-Major prussien, XVIII, p. 536.

[2] Deux de sa division et deux amenées par Caprivi (artillerie de corps du Xe corps).

[3] Le 1er escadron envoyé en exploration vers Nancy et Toul n'a pas encore rejoint (*État-Major prussien*, I, p. 441, 524).

[4] Le 2e escadron du 2e dragons de la Garde, amené par Caprivi, remplace l'un de ceux du 17e hussards, aussi en exploration vers l'Ouest.

[5] Sans doute un maréchal des logis *de jour*.

[6] Hœnig, *Darstellung der Strategie*, p. 77, d'après les récits de Caprivi; *État-Major prussien*, I, p. 542.

La batterie Schirmer s'établit au Nord-Est, vers la cote 286, et, avant d'avoir été aperçue, ouvre le feu à très courte distance (1,500 mètres environ) sur la gauche de la brigade Murat (9 h. 15). Les trois autres ne tardent pas à la rejoindre ; les trois régiments de hussards s'établissent : le 10e à droite, dans un pli de terrain ; le 17e à gauche ; le 11e derrière le centre, près de Tronville[1] : dispositif inspiré par un goût naïf de la symétrie plutôt que par le terrain et les nécessités du combat.

Nous verrons quel est l'effet sur nos troupes de cette canonnade imprévue. On ne saurait dire qu'elle réponde aux intentions de Voigts-Rhetz et aux idées personnelles de Caprivi. « En ce moment, a dit l'ancien chef d'état-major du Xe corps, il se présenta une occasion, comme on en rencontre peu, de charger un bivouac surpris et sans protection[2]. » C'est le hourrah d'Athies que voudrait renouveler Caprivi, à l'exemple de la cavalerie des Alliés en 1814. Mieux vaudrait, en effet, mettre à profit notre incurable négligence pour culbuter ces deux divisions de cavalerie et peut-être une partie des corps d'armée qu'elles couvrent si mal. Une canonnade qui n'est pas accompagnée d'une vigoureuse attaque a, en retour de faibles avantages, ce grave inconvénient de nous mettre en éveil. « Je sus la reconnaissance offensive de la 5e division par le feu de ses pièces, a écrit le général von Alvensleben dans ses Souvenirs. Il donna l'alarme à l'ennemi. Ce que celui-ci n'avait pas appris par ses patrouilles, il le sut par cet acte de nos troupes. Quel dommage ![3] » De même, le général von Pelet-Narbonne reproche durement à la cavalerie prussienne son inaction. « Redern, a-t-il écrit, se ravala au rôle de soutien d'artillerie[4]. »

L'adjudant Le Flem, du 9e dragons, a vu « des colonnes épaisses d'infanterie » (en réalité la brigade Redern) descendant du plateau au sud-est de Tronville. Il court au colonel. « Ma course à travers le bivouac et les avis que je donnais commençaient à attirer l'attention..... J'arrivai sur la route où étaient arrêtées les voitures des cantinières. Le colonel Reboul et le

---

1 *État-Major prussien*, I, p. 543.
2 Hœnig, *loc. cit.*, d'après les confidences de Caprivi.
3 Cité par les *Einzelschriften*, XVIII, p. 543.
4 *Revue de Cavalerie*, février 1900, p. 602.

lieutenant-colonel de La Loyère prenaient du bouillon dans une tasse..... J'abordai le colonel avec ces mots : « Mon colonel, nous « sommes surpris. L'ennemi est sur nous. Je cherche un trom- « pette pour faire sonner « à cheval ! » — « Croyez-vous que.... », avait commencé à dire le colonel. Il n'eut pas le temps d'achever, le premier coup de canon retentit..... [1] » C'est le signal d'un épouvantable désordre. En un clin d'œil, la grande rue de Vionville, la route qui la prolonge et les terrains d'alentour « sont envahis par une multitude de fuyards qui grossit sans cesse à mesure qu'ils arrivent à hauteur de chaque camp. » Conducteurs civils, dragons du prince Murat, artilleurs des batteries de Forton, toute une foule apeurée et hurlante fuit vers Metz, entraînant avec elle des attelages, des voitures d'artillerie et même, dit-on, des batteries entières[2]. A ce moment, une partie des escadrons est à l'abreuvoir; le convoi de la division, longtemps retenu au Ban-Saint-Martin, sous Metz, par l'encombrement des routes, vient d'arriver à Vionville sous l'escorte d'un escadron du 10e cuirassiers. Le désordre en est accru et il se propage au loin. « La plupart de nos pièces ont commencé le feu avec deux ou trois servants. Peu à peu, un grand nombre, qui s'étaient laissés entraîner dans la débâcle, reprirent leurs postes..... Les réserves et quelques canons » furent entraînés « jusqu'à Gravelotte. ...[3] » Au 5e régiment de chasseurs, division Valabrègue, on ne peut rallier tout d'abord que trois escadrons[4]. Au 1er dragons, le colonel n'a sous ses ordres que les deux tiers du régi-

---

[1] Relation citée du chef d'escadrons Le Flem. Ce document et les historiques des corps, notamment ceux des 1er et 9e dragons, sont en pleine contradiction avec les rapports du général de Forton, qui paraît avoir outrageusement fardé la vérité en ce qui touche le fait matériel de la surprise. D'ailleurs il varie dans ses propres affirmations. D'après son rapport du 18 août, la brigade Murat aurait occupé les crêtes en avant de Vionville, et les batteries auraient pris position à sa droite *avant* l'ouverture du feu ennemi. Suivant son rapport du 9 septembre, cette double prise de position se serait produite *pendant* que les Allemands ouvraient le feu.

[2] Historique du 5e régiment d'artillerie, *Revue d'Histoire*, IV, 1903, p. 419.

[3] Historique du 5e régiment d'artillerie, *loc. cit.* D'après le général JARRAS, *Souvenirs*, p. 103, il y eut à la division Forton un vrai désordre, qui prit même « le caractère d'une véritable panique ». Au 2e corps, il se produisit « une certaine émotion ».

[4] Historique du 5e régiment de chasseurs, *Revue d'Histoire*, IV, 1903, p. 409.

ment; le reste rallie « fort avant dans la journée[1] ». Sur le plateau de Gravelotte, les trains et convois de cinq corps d'armée sont réunis. C'est une masse de près de 5,000 voitures, sans les ambulances. « La plupart des charretiers fuyaient avec leurs chevaux ; d'autres se jetaient, plus ou moins volontairement, avec leurs attelages, dans les fossés bordant la route; les bestiaux se dispersaient affolés de terreur.....[2] »

L'inaction de la cavalerie prussienne permet pourtant à la nôtre de se ressaisir. Tandis que les dragons du prince Murat se rallient, non sans peine, et cherchent à lui faire face, une section de la 7e batterie du 20e régiment, attelée par pièce à deux chevaux seulement, se porte au galop sur le mamelon à l'ouest de Vionville et ouvre le feu, malgré l'écrasante supériorité et le voisinage de l'ennemi. Trois autres pièces seulement des 7e et 8e batteries parviennent à la rejoindre ; des officiers les servent et les pointent eux-mêmes. Le reste de l'artillerie de Forton est entraîné dans la déroute des dragons[3].

D'ailleurs la résistance de nos cinq pièces ne peut être bien longue. Leur position n'est plus tenable ; elles se replient. L'une d'elles, qui a perdu ses attelages, est compromise, quand, à l'appel du colonel de Forceville, des dragons du 1er régiment mettent pied à terre et la ramènent à bras au bas des pentes[4]. La fraction déjà ralliée de la brigade Murat fait demi-tour et se retire au pas, dans un ordre relatif, en passant au nord de Vionville. Puis elle va se rassembler derrière la 1re ligne de la division La Font de Villiers, du 6e corps, entre la route de Mars-la-Tour et la voie romaine[5]. Quant à la brigade Gramont, qui n'a pas été touchée par la panique, elle se retire sur les bois de Saint-Marcel, puis, en longeant Villers-aux-Bois, aux abords de

---

[1] Historique du 1er dragons, relation du commandant Le Flem, *loc. cit.*

[2] Journal de l'adjoint à l'intendance Bouteiller, du 2e corps, *Revue d'Histoire*, III, 1903, p. 429.

[3] Historique des 7e et 8e batteries du 20e régiment, *Revue d'Histoire*, IV, 1904, p. 687 ; relation citée du commandant Le Flem ; Dick de Lonlay, III, p. 26.

[4] Historique du 1er dragons ; relation Le Flem ; Dick de Lonlay, *loc. cit.*

[5] Historique des 7e et 10e cuirassiers, *Revue d'Histoire*, I, 1904, p. 683, 684 ; Dick de Lonlay, III, p. 27 ; relation Le Flem, historique du 1er dragons.

Les rapports du général de Forton, 18 août et 9 septembre, prêtent à la retraite beaucoup plus de régularité qu'elle n'en eut.

Rezonville. De là elle rejoint la brigade Murat. « Un peu plus tard », le maréchal Bazaine fait porter la division Forton en arrière, dans un pli de terrain entre Rezonville et le bois Pierrot [1]. Elle y restera de longues heures.

Le désordre de la brigade Murat n'a gagné qu'une partie de la division Valabrègue [2]. Toutefois elle se retire « avec une précision regrettable » laissant la batterie qui l'accompagne, 7e du 17e régiment, dans une position critique [3]. Cette dernière tire à la hâte quelques coups de canon, pendant que les conducteurs garnissent les attelages, et se retire avec peine sur une première position, puis sur une seconde, avec des pièces attelées à deux chevaux seulement.

Sur ces entrefaites une nouvelle batterie allemande, celle de la 6e division de cavalerie qui débouche de Gorze, a ouvert le feu vers le Sud, et cette double attaque par surprise prend aux yeux de certains une importance qu'elle est loin d'avoir : « Les Prussiens avaient su dissimuler leurs mouvements à notre cavalerie et occupaient de fortes positions comprises entre Gorze, Mars-la-Tour, Bruville. Leur ligne de bataille décrivait autour de nous un immense arc de cercle, dont les extrémités et le centre étaient protégés par de puissantes batteries de position, reliées entre elles par des batteries mobiles... Ils se montrent en

---

[1] Enquête sur les capitulations, déposition Forton, 28 mars 1872 citée par la *Revue d'Histoire*, IV, 1903, p. 345 et relation Le Flem. Suivant ce dernier document, au moment ou la brigade Murat passe au nord de Vionville, elle est menacée par un régiment de uhlans qui vient de sortir du bois de Tronville. Ce régiment, qui parait être le 16e, de la brigade Bredow, aurait fait demi-tour à la vue du 10e cuirassiers encore en position (Historique de ce corps déjà cité).

[2] « Les bagages même furent mis en route et échappèrent en grande partie à l'ennemi » (Rapport du général de Valabrègue, 20 août, *Revue d'Histoire*, IV, 1903, p. 407). Au contraire l'historique du 5e régiment de chasseurs porte : « Ce n'est qu'après quelques instants que l'on parvient à se reformer en arrière des bivouacs, abandonnant ce qu'on ne pouvait emporter » (*Ibid.*, 410). Nous avons dit que ce régiment ne rallia d'abord que trois escadrons (Voir *suprà*).

[3] Rapport du général Gagneur, commandant l'artillerie du 2e corps, non daté, *Revue d'Histoire*, IV, 1903, p. 414. L'historique des 7e et 8e batteries du 17e régiment (*Ibid.*, p. 424) est encore plus sévère : « ... L'inqualifiable précipitation avec laquelle toute la cavalerie française traversa ou doubla le camp de l'artillerie, pour gagner plus promptement une position en arrière, mit la batterie dans les conditions de combat les plus déplorables... ». Voir aussi Dick de Lonlay, III, p. 28.

effet partout à la fois... nous entourant d'un cercle de feu.. [1] ».

Ainsi la surprise de la division Forton, due uniquement à l'oubli des précautions les plus indispensables, est beaucoup plus qu'un accident du champ de bataille, bientôt réparé. Elle atteint plus ou moins dans leur moral une bonne partie de nos troupes, les amenant à croire que l'ennemi, qui les a attaquées avec une telle audace, est en force très supérieures à la réalité. Si, durant tout le jour, nous n'avons jamais la sensation de notre supériorité numérique, c'est à l'impardonnable négligence de Forton et de son état-major que nous le devons. On peut croire, en outre, que si la cavalerie de Rheinbaben avait chargé vigoureusement nos escadrons, au moment où ils se ralliaient avec tant de peine sous les obus prussiens, la panique eût été encore plus complète et le désordre irrémédiable.

---

[1] Rapport cité du général Gagneur.

V

Combat contre les 2e et 6e corps.

Cependant la disparition de l'artillerie et des dragons du général de Forton permet aux batteries allemandes de faire un bond en avant. Trois se portent successivement sur le mamelon 297-294 immédiatement à l'ouest de Vionville, que nos pièces viennent de quitter et d'où l'on a de larges vues dans toutes les directions [1]. Elles ouvrent aussitôt le feu sur les bivouacs du 2e corps, complaisamment étalés le long des pentes qui descendent de Rezonville vers l'Ouest. Le 10e hussards s'abrite dans le vallon de Flavigny; le reste de la brigade Redern (11e et 17e hussards), qui s'est massé à Tronville sur l'ordre de Rheinbaben, gagne aussi un emplacement défilé à la lisière sud des bois de Tronville. Quant à la brigade Bredow, elle esquisse une démonstration entre ces bois et Vionville, tandis que celle du général von Barby gagne un poste d'observation à l'ouest des bois [2]. Les batteries allemandes continuent quelque temps le feu sur l'infanterie du 2e corps, malgré le tir de notre artillerie qui entre peu à peu en ligne.

Pendant que la 5e division de cavalerie intervient ainsi par le canon de ses batteries beaucoup plus que par le sabre ou la lance

---

[1] 1re batterie à cheval du IVe corps, puis 1re et 3e du Xe corps. La 2e du Xe corps reste d'abord au sud-est de Tronville (*État-Major prussien*, I, 543).

[2] L'*État-Major prussien*, I, 544, ajoute même que l'apparition de Bredow sur le flanc droit de la brigade Gramont la détermine à gagner le bois de Saint-Marcel. A rapprocher de ce que nous avons écrit plus haut au sujet de la brigade Gramont et du 16e uhlans. Il ne semble pas que les 7e et 10e cuirassiers se soient retirés par suite de l'approche de la brigade Bredow. Du moins les documents reproduits par la *Revue d'Histoire* (I, 1904, p. 662 et suiv.) ne l'indiquent pas.

Les batteries allemandes sont immédiatement soutenues par l'escadron du 2e dragons de la Garde et par le 1er du 17e hussards (*État-Major prussien*).

de ses cavaliers, la 6e division est d'abord restée en observation devant Metz sur la rive droite de la Moselle. Son rôle n'y peut être que nul. Il serait beaucoup plus naturel qu'elle précédât le IIIe corps sur la rive gauche de la Moselle. C'est le contraire qui a lieu. Ce corps d'armée passe la rivière dans la nuit du 15 au 16 août. A deux heures du matin, le divisionnaire, duc Guillaume de Mecklembourg, reçoit du général von Alvensleben l'ordre de prendre ses dispositions afin d'avoir passé la Moselle à Corny avant 5 h. 30 du matin : son passage terminé, il devra marcher en tête du IIIe corps [1]. Mais le pont suspendu de Novéant-Corny ne permet le passage des cavaliers que pied à terre et par un, en sorte que la 6e division est rassemblée sur la rive gauche à 7 heures seulement. Elle n'entame son mouvement sur Gorze qu'à 7 h. 30, longtemps après la tête du corps d'armée. Les hussards de Zieten (3e régiment) sont en tête; puis viennent le 16e hussards et la batterie à cheval, enfin la brigade Grüter [2]. L'avant-garde d'infanterie qui a tenu pendant la nuit cet important défilé fait connaître la présence d'avant-postes de cavalerie française sur les hauteurs de Rezonville; il y aurait même de l'infanterie dans les bois descendant vers Gorze et l'officier d'état-major de la division [3], qui a poussé avec un escadron vers Rezonville confirme ces indications.

Elles décident le duc à user de prudence. Au lieu de gagner au plus vite le débouché des bois, comme ce serait son devoir le plus étroit, il attend la tête du IIIe corps à l'est de Gorze. C'est seulement quand elle apparaît qu'il porte la brigade Rauch le long et à l'ouest du bois des Prêtres vers Flavigny. Celle du général von Grüter reçoit l'ordre d'établir par Buxières et Mars-la-Tour la liaison avec la division Rheinbaben. Quant à la batterie, elle prend d'abord « une position de repli au nord de Gorze » (peut-être sur l'éperon 283). On voit quelle timidité dénotent ces dispositions.

Il en résulte que la brigade Rauch est seule, tout d'abord, à

---

[1] *État-Major prussien*, I, 545.

[2] Deux escadrons du 3e uhlans sont restés sur la rive droite.

[3] On sait que les divisions d'infanterie et de cavalerie allemandes n'ont pas de chef d'état-major comme les nôtres, mais un officier d'état-major qui en remplit les fonctions.

paraître devant nos avant-postes. Mais bientôt après (vers 9 heures) survient un nouvel ordre : Alvensleben prescrit « de porter toute la division sur le plateau ». La batterie rejoint la brigade Grüter, qui va obliquer vers la droite à travers le bois de Gaumont.

En débouchant au nord de Gorze, les escadrons de Rauch ont été atteints par un feu vif venant du bois de Vionville. Ils subissent des pertes sensibles. Jugeant impraticable une attaque isolée contre les « masses d'infanterie » qui se montrent vers Rezonville, Rauch redescend les pentes et s'abrite de chacun des côtés de la route de Gorze à Vionville.

Quant à la brigade Grüter, elle a aisément refoulé les grand'-gardes de la division Valabrègue. A sa droite la batterie ouvre le feu un peu à l'est de la statue de Sainte-Marie, dirigeant ses obus sur les bivouacs du 2e corps qu'elle aperçoit entre les bois et Rezonville. Il est 9 h. 15 environ[1]. Le hasard seul fait que la démonstration des deux divisions de cavaleries allemandes, tout à fait indépendantes l'une de l'autre, est simultanée. Le commandement, scindé entre Alvensleben et Voigts-Rhetz, n'y est pour rien. Il serait évidemment préférable que les 5e et 6e divisions obéissent à la même impulsion, au moins pendant ces jours de crise, puisque leur tâche est commune.

Quoi qu'il en soit, leur attaque enveloppante, opérée sur un très grand front, bien qu'avec des forces très restreintes, nous oblige dès le début à des mouvements divergents qui sont, à eux seuls, une cause réelle d'infériorité. Une autre circonstance y contribue, l'entassement de nos troupes autour de Rezonville. Suivant notre habitude d'alors, nous occupons une surface très restreinte par rapport à nos effectifs. Le soir du 16 août, le front de l'armée du Rhin, de la ferme Grizières au bois des Ognons, mesurera 8 à 9 kilomètres, étendue très faible pour cinq corps d'armée.

Après un moment de désordre, le 2e corps s'est rapidement ressaisi. Ses batteries et une partie de l'artillerie du 6e corps ouvrent le feu sur celles de Rheinbaben et du duc de Mecklembourg, qui sont bientôt dans une situation très difficile. Les trois batteries

---

[1] *État-Major prussien*, I, 546.

de la 5e division de cavalerie, portées par le major Körber sur le mamelon 297-294, déjà combattues par trois divisions françaises, ont encore à résister aux feux que le 12e bataillon de chasseurs dirige sur elles de la lisière de Vionville, très rapprochée (400 à 500 mètres environ). Deux se voient forcées de gagner le pli de terrain à l'est de Tronville. Seule, la batterie de gauche, 1re à cheval du IVe corps, couverte en partie par les peupliers des routes de Mars-la-Tour et de Tronville à Vionville, résiste à cette pluie de projectiles, mais sans pouvoir enrayer la progression de notre droite.

La brigade Bredow est donc contrainte de quitter le vallon à l'est des bois de Tronville[1] et de gagner leur lisière ouest où elle retrouvera la brigade du général von Barby. De même le 10e hussards cède sous le feu de l'infanterie française qui vient d'occuper Flavigny ; il recule jusqu'à la ferme du Saulcy. Enfin la brigade Grüter (6e division) plie également devant la division Vergé, du 2e corps; elle gagne la lisière Nord du bois de Gaumont où la rejoint bientôt la batterie à cheval de la division (10 heures environ[2].)

Jusqu'alors le résultat matériel de la double attaque allemande est peu marqué. Si cette surprise a mis en désordre une partie de nos troupes, l'infanterie s'est rapidement ressaisie et les deux divisions prussiennes ont dû refluer en arrière. Mais leur offensive, si timide, si inopportune même à certains égards qu'elle ait été, nous a conduits à déployer prématurément trois divisions d'infanterie, et les conséquences de ce faux mouvement pèseront sur nous jusqu'à la fin du jour.

Cependant les deux divisions d'infanterie du IIIe corps s'engagent, l'une au nord de Gorze, l'autre vers Vionville. Toute l'artillerie prussienne est au feu, en face de celle des 2e et 6e corps. L'étendue que couvrent les troupes d'Alvensleben, de la voie romaine au bois des Ognons, est très considérable : six kilomètres à vol d'oiseau. Leur ligne est fort mince et il n'y a aucune probabilité pour qu'elle soit renforcée à bref délai. Nos adversaires se rendent compte du danger de cette situation.

---

[1] Bois de Vionville sur la carte au 1/50,000e.
[2] *État-Major prussien*, I, 548.

Rheinbaben, bien que normalement rattaché au Xe corps, a mis sa division à la disposition d'Alvensleben. Celui-ci l'invite à rassembler les brigades Barby et Bredow derrière la division d'infanterie Buddenbrock, entre Vionville et Mars-la-Tour. Les brigades du duc de Mecklembourg se portent également en arrière de la gauche de la division d'infanterie Stülpnagel. Ces deux groupes de cavalerie se tiennent à couvert et prêts à une intervention que chaque instant peut rendre indispensable [1]. S'il est un cas, en effet, où l'intervention de la cavalerie s'impose sur le champ de bataille, c'est lorsque, comme le matin du 16 août, une ligne d'infanterie est prête à céder sous la pression de forces supérieures. La présence seule de la cavalerie derrière la ligne de feu est un réconfortant pour celle-ci.

Ce n'est pas qu'Alvensleben se fasse illusion sur les aptitudes offensives des chefs de ces beaux escadrons : « ... Je disposais de dix-huit régiments de cavalerie, puisque le général von Rheinbaben avait mis sa division sous mes ordres. Ce fait m'assurait une grande liberté d'action. Une seule difficulté se présentait. Certaines impressions sur l'esprit de sacrifice de la cavalerie, c'est-à-dire sur les dispositions de son haut commandement à risquer ses troupes, comme on le fait pour les autres armes, me hantaient depuis Spicheren et pesèrent sur moi durant toute la guerre [2].

« Je disposais de 9,000 cavaliers du meilleur choix, mais je n'avais pas de cavalerie à proportion [3]... »

D'ailleurs la situation du IIIe corps va empirant, malgré l'intervention de quelques fractions du Xe accourues au canon. En dehors de trois bataillons appartenant à ce corps d'armée, il n'y a plus que de la cavalerie en réserve. Celle des divisions d'infanterie du IIIe corps s'est en majeure partie rassemblée sur chacune des ailes de ses batteries à cheval. Le 12e dragons se tient à la lisière sud du bois de Saint-Arnould ; le 2e dragons à l'ouest de la hauteur de Sainte-Marie, son 1er escadron vers le cime-

---

[1] *État-Major prussien*, I, 564.

[2] Allusion à l'attitude pleine d'indécision de la cavalerie allemande le soir de Spicheren.

[3] Souvenirs d'Alvensleben reproduits par les *Einzelschriften*, XVIII, p. 547.

tière de Vionville ; deux autres (2e du 2e dragons de la Garde et 1er du 17e hussards) sont dans le voisinage. Le 9e dragons [1] s'est réparti entre les 2e et 12e dragons. Plus à l'Ouest, dans le ravin qui sépare le cimetière de la hauteur de Sainte-Marie, sont les dix-sept escadrons du duc de Mecklembourg [2]. La brigade Redern assure la sécurité de la division de gauche du IIIe corps (Buddenbrock) sur ses deux ailes : les 11e et 17e hussards entre la route de Mars-la-Tour et le ravin de Flavigny, pour établir la liaison entre Stülpnagel et Buddenbrock ; le 10e hussards au sud des bois de Tronville. Les brigades Barby et Bredow sont vers Tronville, ne laissant que le 13e dragons à l'ouest des bois, pour surveiller les masses des 3e et 4e corps qui commencent à se montrer vers Bruville et Saint-Marcel.

Sur ces entrefaites, le 6e corps a engagé quelques-uns de ses éléments à la droite du 2e. Au nord de la route de Verdun, le 91e attaque directement Vionville, mais il est contraint à la retraite par l'apparition sur son flanc droit de nouvelles troupes d'infanterie prussienne. Nous entamons de ce côté un mouvement rétrograde, qui est bientôt suivi par l'ensemble du régiment. Il reflue au Nord-Est en combattant.

Au début de cette retraite, le chef d'état-major du IIIe corps, colonel von Voigts-Rhetz, croit le moment venu de lancer de la cavalerie à notre poursuite. Il jette sur le 91e deux escadrons, 2e du 2e dragons de la Garde et 1er du 17e hussards, qui arrivent de la gauche des batteries du cimetière [3]. Mais notre infanterie n'est pas suffisamment en désordre pour que cette charge ait du succès. Elle échoue au contraire, dès le début, avec de grosses pertes : 70 chevaux pour l'escadron du 2e dragons de la Garde [4]. Néanmoins cette charge fait si peu d'impression sur nos troupes, qu'elle n'est mentionnée dans aucun des documents relatifs aux 91e et 94e de ligne, reproduits par la *Revue d'Histoire*.

Il se peut aussi que l'échec des deux escadrons prussiens soit

---

[1] Fait partie de la 19e division, Xe corps.

[2] Deux escadrons du 3e uhlans sont encore à l'est de la Moselle ; le 4e du 6e cuirassiers est en soutien d'artillerie (*Etat-Major prussien*, I, 570).

[3] Le cimetière de Vionville est au sud de ce village, sur une croupe.

[4] *Etat-Major prussien*, I, p. 566. Les pertes du 17e hussards en cette occasion ne nous sont pas connues.

dû à la configuration du terrain ou à son emploi défectueux. Si, comme il semble probable, la charge partit de l'intervalle entre Vionville et le cimetière, contourna Vionville à l'Est pour remonter ensuite les pentes sud-ouest du mamelon au sud du bois Pierrot, elle fut constamment en vue et ne put produire aucun effet de surprise sur le 91e.

VI

Charge du 3e lanciers.

Vers midi et demi, notre extrême droite borde le ravin au nord des bois de Tronville, sans avoir encore tiré un coup de fusil. Puis notre ligne suit la voie romaine et incline ensuite au Sud-Est pour rejoindre la route de Mars-la-Tour. Après la retraite des 75e et 91e de ligne, le 93e est seul du 6e corps à entretenir le combat entre la voie romaine et la chaussée. Il est encore efficacement soutenu par quinze batteries établies dans cet intervalle ou immédiatement au Nord. Le long de la route, le 9e de ligne forme crochet défensif à sa gauche.

Derrière notre droite, des forces importantes sont déjà rassemblées : la cavalerie de Clérembault[1], la réserve d'artillerie du 3e corps et la division Aymard aux abords de Saint-Marcel, sans parler de quatre bataillons de la division Tixier encore en réserve. La division Nayral, du 3e corps, débouche vers la ferme de Caulre, venant de Metz. Enfin les premières troupes du 4e corps, deux batteries et un régiment de cavalerie (5e et 6e batteries du 17e à cheval ; 11e dragons) se montrent à l'Est de Bruville. La seule présence de ces troupes rend très délicate la situation de la gauche prussienne au Nord de la route de Mars-la-Tour.

Au Sud, nos adversaires sont en beaucoup meilleure posture. La retraite du 2e corps est à peu près complète, malgré l'intervention de fractions du 6e corps et de la réserve générale d'artillerie. Il n'y a plus en position, de la route au ravin de Gorze, que cinq bataillons soutenus par sept batteries. Quatre autres bataillons sont en réserve aux abords de Rezonville.

---

[1] Division du 3e corps.

Sur la partie nord de ce front, l'offensive prussienne est menaçante. Nous venons de perdre Flavigny pour la deuxième fois; le 94e, qui avait réoccupé ce hameau, est en pleine déroute au Nord-Est. Au Sud, entre le chemin de Chambley et le ravin de Gorze[1], l'infanterie ennemie, épuisée par plusieurs heures de sanglants efforts, combat à peu près sur place. Son artillerie garde la supériorité sur la nôtre, bien que le nombre ne soit pas pour elle. Seule elle empêche l'infanterie prussienne de plier sous notre effort.

Enfin, à notre gauche, la brigade Lapasset, avec cinq batteries, tient l'intervalle des deux ravins de Gorze et de Sainte-Catherine, ainsi que la partie ouest du bois des Ognons.

En dehors des forces précédentes, il y a aux abords de Rezonville une très grande accumulation de troupes : treize bataillons et douze régiments de cavalerie, ces derniers représentés par les divisions Forton et Valabrègue, les 2e chasseurs, 3e lanciers, cuirassiers et carabiniers de la Garde[2]. Elles seraient amplement suffisantes pour faire face à toutes les éventualités. Mais la débandade du 94e, l'offensive hardie de deux bataillons prussiens entraînés par le capitaine Hildebrand, à l'Est de Flavigny, amènent à penser que l'intervention de notre cavalerie s'impose. Il semble pourtant qu'aucun ordre positif ne soit donné dans ce sens. Le maréchal Bazaine et le général Frossard s'en tiennent, suivant une habitude trop répandue, à des indications vagues, qui seront nécessairement mal suivies. C'est du moins ce qui résulte de la plupart des documents. D'après le général Frossard[3], il demanda au maréchal s'il ne pensait pas qu'une charge de cavalerie fût utile pour arrêter les mouvements de l'infanterie ennemie. Le maréchal dit : « Oui, je crois que vous avez raison; « qu'avez-vous comme cavalerie? — Le 3e lanciers, mais c'est « un peu léger, fis-je observer au maréchal. » Puis j'ajoutai : « Il nous faut quelque chose de plus; le régiment de cuirassiers « de la Garde pourrait nous appuyer. — Oui, dit le maréchal,

---

[1] Nous désignons ainsi le ravin qui descend de Rezonville à Gorze ; le ravin de Sainte-Catherine est celui qui suit immédiatement à l'Est.

[2] *Revue d'Histoire*, I, 1904, p. 116.

[3] Déposition au procès Bazaine reproduite par la *Revue d'Histoire*, I, 1904, p. 118.

« donnez des ordres au général du Preuil, qui vous appuiera « avec un régiment de cavalerie de la Garde. »

Le Journal de marche de la Garde[1] ne modifie pas sensiblement cette version : « Vers 11 h. 30, sur l'ordre du maréchal..., le régiment de cuirassiers est envoyé par le général Desvaux au sud de la route..... pour soutenir le 3e lanciers. A midi 15 ...., le général Frossard donne l'ordre au général du Preuil de faire charger le 3e lanciers et d'appuyer la charge avec les cuirassiers. Cet ordre est confirmé par le maréchal Bazaine. ... » D'après le Journal de marche de la division Desvaux[2], « à 11 h. 30, et sur les instances du général Frossard....., le régiment de cuirassiers exécute.. .. une charge ». Suivant le rapport du général Bourbaki sur les opérations de la division Desvaux[3], « le régiment de cuirassiers envoyé à 11 heures, sous la direction du général du Preuil, pour appuyer le 3e lanciers, prit position à 500 mètres de ce régiment .. . A 11 h. 30..... le général Frossard envoya au 3e lanciers l'ordre de charger..... et aux cuirassiers l'ordre d'appuyer la charge. Il donna en outre mission au général du Preuil de se mettre à la tête des deux régiments .... Cet ordre étant confirmé par le maréchal. ..., la charge fut commencée..... ».

Le rapport du général du Preuil[4] est plus formel encore : « Vers 11 h. 30, le régiment de cuirassiers..... fut envoyé par le général de division au Sud de la route pour appuyer le 3e lanciers. Dirigé par le général du Preuil, il prit position à 300 mètres de ce régiment, en arrière .... de Rezonville.

« A midi 15, les lignes de notre infanterie, repoussées par les forces prussiennes, se repliaient en désordre..... Le général Frossard envoya au 3e lanciers l'ordre de charger..... et au général du Preuil l'ordre d'appuyer la charge avec ses cuirassiers.

« Le général du Preuil se porta sur la ligne des tirailleurs pour prendre les ordres du général Frossard, qui lui dit : « Gé- « néral, prenez le commandement des lanciers et des cuiras- « siers ; chargez sur les batteries à fond de train et aussi loin

---

[1] *Revue d'Histoire*, I, 1904, p. 406.
[2] *Revue d'Histoire*, I, 1904, p. 467.
[3] *Revue d'Histoire*, I, 1904, p. 469.
[4] 18 août, *Revue d'Histoire*, I, 1904, p. 470.

« que possible.... » Au moment où le général du Preuil partait...., le maréchal..... arriva et lui dit : « Chargez, du Preuil, « c'est urgent, et ne perdez pas de temps..... »

Enfin le récit d'un témoin oculaire[1] confirme la substance de ces divers documents : « Les cuirassiers se placent à la gauche sur l'alignement des carabiniers..... A peine étaient-ils en position que le général Frossard, dont le corps d'armée était impuissant *à soutenir l'effort de l'ennemi, accourt au galop et, interpellant* le colonel Dupressoir :

« — Colonel, lui dit-il, faites charger votre régiment, ou nous sommes f..... »

« Presque au même moment, le maréchal arrive.... ; il se rend compte de la situation..... « Il faut sacrifier un régiment, dit-il. »

« Et, se tournant vers le colonel du 3e lanciers..... « Colonel, « lui dit-il, chargez. *Et vous, colonel Dupressoir, appuyez la* « charge si c'est nécessaire. »

L'historique manuscrit du 3e lanciers[2] porte également : « Le maréchal..... s'était porté sur cette position, et donna lui-même l'ordre de lancer le 3e lanciers. »

L'historique imprimé (1889) des cuirassiers de la Garde[3] représente cet épisode sous un autre jour, d'après les notes de M. le général Davignon, en 1870 lieutenant d'état-major stagiaire au régiment : « Le général Frossard aurait abordé directement *le colonel Dupressoir en lui demandant* de charger, mais le commandant des cuirassiers aurait objecté qu'il ne pouvait engager son régiment sans l'assentiment du général de division. Le lieutenant d'état-major Davignon... fut donc dépêché auprès du général Desvaux, qui, sans répondre, l'emmena auprès du maréchal Bazaine.

« Celui-ci, pensant en quelque sorte tout haut, porte l'historique, prononça *ces paroles : « Il faut absolument les arrêter;* il « faut sacrifier un régiment. » Il envoie aussitôt un officier... porter au 3e lanciers... l'ordre de charger... puis, se tournant vers le général Desvaux : « Les cuirassiers de la Garde, dit-il,

---

[1] *Figaro* du 26 novembre 1876, supplément.
[2] *Revue d'Histoire*, III, 1903, p. 710.
[3] Analysé par la *Revue d'Histoire*, I, 1904, p. 119.

« appuieront la charge du 3e lanciers. » Le lieutenant Davignon transmit aussitôt cet ordre au colonel Dupressoir... »

Enfin le colonel de Sainte-Chapelle[1] écrit, d'après le récit que lui fit immédiatement après la guerre le lieutenant de Saint-James, officier d'ordonnance du général du Preuil : « Le point sur lequel se trouvaient le maréchal Bazaine et son état-major, quand la brigade du Preuil s'est arrêté au Nord-Est de Rezonville, pas plus que ceux où ont eu lieu les *conversations successives* avec les généraux Frossard, Desvaux, du Preuil, etc... n'ont été définis, que je sache. Les paroles citées.... ont bien été tenues, *mais en plusieurs fois,* et aucun ordre ferme n'a été donné. Seul le général Frossard insistait pour faire charger... ; les généraux Desvaux et du Preuil trouvaient le moment mal choisi. Ces discussions ont eu lieu en présence du maréchal, qui ne répondait qu'évasivement, selon sa coutume. Le général Frossard est revenu plusieurs fois à la charge.... Le général du Preuil ne demandait qu'à marcher, mais il voulait réunir sa brigade et laisser avancer les Prussiens afin de pouvoir les aborder de plus près en surgissant inopinément.... quand ils seraient à bonne portée. Énervé de tous ces atermoiements, il s'était.... porté en avant de Rezonville.... Tout à coup, il vit le 3e lanciers dessiner son mouvement. Je doute qu'on ait mis effectivement ce régiment sous son commandement, car il ne parut pas s'en préoccuper autrement qu'en disant: « Mais où vont-ils ? Ce n'est pas le moment ». Toutefois il se rapprocha aussitôt du plateau 307[2] où il avait laissé les cuirassiers et les vit déjà embarqués au galop. Furieux alors de ce qu'un de ses régiments fût parti sans son ordre, il piqua sur le colonel à fond de train..., mais il ne rejoignit que le deuxième échelon, sur le flanc duquel il chargea avec son état-major, jugeant le mouvement offensif trop avancé pour qu'il pût l'arrêter... »

Il paraît résulter de l'ensemble de ces témoignages que le maréchal et surtout Frossard voudraient faire charger le 3e lanciers et les cuirassiers de la Garde, mais que les généraux Des-

---

[1] Souvenirs reproduits par la *Revue d'Histoire*, I, 1904, 120.

[2] Cette cote ne figure pas sur la carte au 1/50,000e. Elle est immédiatement à l'Est de Rezonville sur le croquis n° 2 de la journée du 16 août publié par la *Revue d'Histoire*.

vaux et du Preuil trouvent, non sans raison, le moment mal choisi. On peut se demander, en effet, en quoi l'offensive isolée de deux bataillons allemands constitue un danger assez réel pour justifier une attaque de cavalerie que les circonstances ne favorisent pas. Ces deux bataillons sont si peu menaçants pour une position aussi fortement occupée, que leur offensive s'éteindra bientôt d'elle-même, sans que la charge de notre cavalerie y soit pour rien. Cette attaque n'est donc pas indispensable. En la prescrivant, Bazaine et Frossard témoignent du peu de confiance qu'ils ont dans leurs troupes et dans le succès. Ils montrent, une fois de plus, que la place du commandant en chef, d'un commandant de corps d'armée, n'est pas sur la ligne de feu, où il est soumis à toutes les excitations du combat, mais en arrière, où il est à même de juger plus sainement de l'ensemble sans se laisser distraire par le moindre incident.

Quoi qu'il en soit, du Preuil voudrait attendre que l'infanterie ennemie fût à courte portée, de manière à la surprendre quand elle approchera de la crête au Sud-Ouest de Rezonville. Il examine encore le terrain, quand le 3e lanciers et, bientôt après, les cuirassiers de la Garde s'ébranlent pour charger.

La brigade du Preuil, formée en colonne de pelotons, est venue vers 11 heures de son bivouac de la Maison de poste de Gravelotte au Nord-Est de Rezonville. « Quelques instants après », le général fait former les carabiniers en bataille au Nord de Rezonville, tandis que les cuirassiers, traversant la route de Mars-la-Tour, prendront une formation *identique* sur un front parallèle au chemin de Rezonville à Gorze, entre ce chemin et la cote 308. Ils font ainsi face à l'Ouest[1].

Sur les entrefaites, le 3e lanciers a quitté son premier emplacement, en seconde ligne de la brigade Lapasset, pour venir également au Sud-Est de Rezonville. Le capitaine de La Pomme-

---

[1] Souvenirs du colonel Sainte-Chapelle, reproduits par la *Revue d'Histoire*, I, 1904, p. 116. La Revue ajoute que, d'après la déposition du général du Preuil au procès Bazaine et les Notes personnelles du commandant Barret, alors adjudant de service auprès du colonel Dupressoir, du Preuil « aurait été appelé auprès du maréchal Bazaine alors qu'il était encore au nord de la route avec toute sa brigade, et aurait emmené avec lui le régiment de cuirassiers parce qu'au même instant un officier d'ordonnance du général Frossard serait venu demander au colonel Dupressoir « de passer au sud de la route pour arrêter « l'ennemi qui nous débordait sur notre gauche ».

raye, de l'état-major du 2e corps, lui apporte l'ordre de charger, au moment où le régiment venant du Sud va démasquer les cuirassiers de la Garde (vers midi 30).

Comme eux, le 3e lanciers se forme en bataille face à l'Ouest, puis il descend les pentes suivant une direction parallèle à la route. Mais son terrain de parcours est coupé de haies qui rompent la marche ; un tel désordre se met dans les rangs que « tous les escadrons et pelotons sont confondus dans un pêle-mêle général ». Un nouvel officier d'état-major vient arrêter « ce mouvement manqué [1] ». Le colonel Torel rallie ses escadrons derrière la droite des cuirassiers et, presque aussitôt, reçoit un nouvel ordre d'attaque, sans qu'un objectif lui soit davantage indiqué. D'après le rapport du général du Preuil, Frossard lui dit « ... Chargez sur les batteries (?) à fond de train et aussi vite que possible ». L'historique du 3e lanciers porte que ce régiment doit « charger sur l'infanterie prussienne ». Il ne peut s'agir que des batteries du cimetière et des bataillons de Hildebrand. Mais cette contradiction montre que l'objectif de la charge n'a pas été nettement déterminé. Quoi qu'il en soit, les 1er et 2e escadrons, colonel et lieutenant-colonel en tête, prennent le galop, suivis à distance par les deux autres. Ils dépassent la première crête à l'Ouest de Rezonville, cette fois dans un ordre parfait : « Les deux escadrons conservent une grande cohésion ; les lances baissées présentent un alignement magnifique... [2] ». Mais en arrivant à la naissance du vallon de Flavigny, nos lanciers débouchent à 400 mètres en face de deux bataillons prussiens, ceux même qu'a entraînés le capitaine Hildebrand.

D'après le major Kunz [3], les 6e et 7e compagnies du 52e sont en avant, couvertes par leurs pelotons de tirailleurs [4] ; la

---

[1] Lettre du lieutenant démissionnaire Bergasse, reproduite par la *Revue d'Histoire*, I, 1904, p. 122. L'historique du 3e lanciers, le rapport du général du Preuil, *ibid.*, III, 1903, p. 710 et I, 1904, p. 477, enfin l'ouvrage du général Bonie, p. 461, ne font pas mention de cet incident.

[2] Historique du 15e dragons, ancien 3e lanciers ; lettre du lieutenant Bergasse citée par la *Revue d'Histoire*, I, 1904, p. 122, 124.

[3] *Kriegsgeschichtliche Beispiele aus dem Deutsch-Französischen Kriege*, 1870-71, VIII et IX, p. 57 et suiv.

[4] A cette époque, la compagnie allemande, sur trois pelotons, en avait un désigné sous le nom de peloton de tirailleurs.

12e compagnie du 12e régiment et des fractions de la 9e sont à leur gauche, un peu en retrait; le reste de ces deux bataillons suit en deuxième ligne, les 5e et 8e du 52e en colonnes de compagnie, les compagnies du 12e en une épaisse chaîne de tirailleurs, plus dense au centre qu'aux extrémités.

Le 3e bataillon du 12e n'a plus que deux lieutenants non blessés[1]; il est donc fort irrégulièrement conduit; en outre, ses fractions déployées en première ligne ne peuvent progresser aussi vite que le 52e, par cette raison qu'elles sont plus élevées sur les pentes du vallon de Flavigny et, par suite, plus exposées au feu du 9e de ligne qui borde encore la route de Mars-la-Tour.

Déjà nos deux escadrons ont perdu de leur alignement. Un ordre malencontreux les fait obliquer à droite, en sorte que leurs deux pelotons de gauche seulement arrivent jusqu'auprès des tirailleurs du 12e régiment, sans les atteindre. Un feu d'ensemble exécuté à 60 mètres environ met hors de combat 17 chevaux et 12 cavaliers dans ces deux seuls pelotons. Quant au reste des 1er et 2e escadrons, il oblique davantage vers la route et vient s'arrêter devant ses fossés après avoir chargé littéralement dans le vide. « ... Je certifie, écrit un témoin, que rien n'aurait résisté à cet ouragan s'il avait été bien dirigé. Malheureusement, on s'est mis à crier au 1er escadron « A droite, à droite ! », et la direction qui avait été d'abord bien prise, puisque nous avions le carré en face de nous, fut si maladroitement... changée en route qu'il n'y eut que les 3e et 4e pelotons du 2e escadron qui arrivèrent sur le coin gauche du carré; nous n'avons reçu qu'un feu d'ensemble à 60 mètres environ[2] »

Le colonel Torel peut néanmoins rallier ses deux escadrons, avec des pertes relativement faibles[3], grâce à la charge des cuirassiers qui suit immédiatement la sienne et retient toute l'attention des Prussiens.

---

[1] D'après la *Revue d'Histoire*, I, 1904, p. 123, qui paraît emprunter ce détail à l'historique du 52e et à celui du 3e bataillon du 12e, ce dernier fait face à la grand'route, c'est-à-dire au 9e de ligne.

[2] Lettre citée du lieutenant Bergasse. D'après KUNZ, *loc. cit.*, p 64, aucun lancier n'atteignit l'infanterie prussienne. Le 3e lanciers eut à souffrir du feu de l'artillerie prussienne (KUNZ, p. 64).

[3] Pertes totales du 3e lanciers : 3 officiers blessés, 17 cavaliers tués ou disparus, 16 blessés; 34 chevaux tués, 12 blessés (Historique cité).

Les 3e et 5e escadrons du 3e lanciers ont suivi de très loin les précédents, pour faire presque aussitôt demi-tour[1]. Le général du Preuil écrit dans son rapport : « Les deux derniers (escadrons) perdirent du temps à manœuvrer, et les cuirassiers s'élancèrent en avant. »

En somme la charge de ces quatre escadrons aboutit à un résultat négatif. Elle nous impose d'assez lourds sacrifices qu'aucune perte ne compense chez l'ennemi. Celui-ci est à peine arrêté dans ses progrès, comme nous le verrons.

L'échec du 3e lanciers est dû à des causes multiples :

1° Mauvais choix du moment ; les deux bataillons allemands ne sont ni désunis par un vif combat, ni suffisamment affaiblis par leurs pertes ;

2° Absence de reconnaissance préliminaire qui se traduit par le faux mouvement dont nous avons parlé, au début de la charge ;

3° Direction insuffisamment précisée ou mal suivie ;

4° Attaque dirigée de front sur l'ennemi au lieu de l'aborder en oblique ou de flanc, ce qui ne serait peut-être pas impossible ;

5° Mauvais dispositif adopté. Contre de l'infanterie, il semble qu'une formation par échelons d'escadron aurait été plus avantageuse.

---

[1] *Revue d'Histoire*, I, 1904, p. 125.

VII

Charge des cuirassiers de la Garde.

« Quelques instants après avoir transmis l'ordre de charger » au 3e lanciers, le capitaine de La Pommeraye a porté la même injonction au colonel Dupressoir. Celui-ci met aussitôt ses cinq escadrons en mouvement, leur faisant prendre le galop de pied ferme, précipitation au moins inutile. Les cuirassiers parcourent ainsi de 150 à 200 mètres, sans objectif précis, puis s'arrêtent court devant des haies et d'autres clôtures. Après un moment d'hésitation et de désordre, ils rompent par peloton face à gauche. Les 6e et 4e escadrons, qui sont alors en tête, font de nouveau face à l'Ouest dès qu'ils trouvent le champ libre et reprennent aussitôt le galop. « Les 3e et 2e escadrons exécutent le même mouvement dans le sillon tracé par les 6e et 4e... », qui ont gagné dans l'intervalle une avance considérable. Le 1er escadron les imite à son tour, et le régiment est ainsi disposé sur trois lignes parallèles très espacées, par le seul effet du hasard : « Nous sommes partis droit devant nous, sans but et sans direction, comme d'ailleurs on le faisait partout sur le Champ de Mars où l'on n'avait qu'un objectif « l'alignement ». Le hasard nous mena sur un terrain impraticable... ; un nouveau hasard fit faire « peloton à gauche », parce que le terrain était découvert de ce côté ; seul un officier supérieur fit acte d'initiative, le commandant Sahuquet, qui, voyant ses deux escadrons démasqués, les remit en bataille par « pelotons à droite » et reprit le galop à leur tête. Les autres escadrons exécutèrent le même mouvement, parce qu'ils l'avaient vu faire, et personne ne protesta [1] ».

D'après le général Bonie [2] les grandes distances signalées

---

[1] Souvenirs du colonel Sainte-Chapelle, *loc. cit.*
[2] *Campagne de 1870. La Cavalerie française,* p. 61 et suiv.

entre les trois échelons tiendraient à une autre cause. Les 6e et 4e escadrons partent au galop de pied ferme ; les 3e et 2e suivent à 150 mètres. Mais l'allure de ce deuxième échelon est trop vive. Le général du Preuil lui fait dire de ralentir et, avec ses officiers, le rejoint en se plaçant sur son flanc. Pendant ce temps, le premier échelon, qui donne toute sa vitesse, a gagné beaucoup de terrain et laisse le deuxième loin derrière lui [1].

Ainsi formé, le régiment gravit les premières pentes à l'Ouest de Rezonville et, en débouchant sur la crête, aperçoit devant lui, à 1500 mètres environ, le hameau de Flavigny tout en flammes. Plusieurs groupes d'infanterie prussienne, échelonnés, sont en marche vers l'Est, précédés d'une chaîne de tirailleurs qui est alors à 700 ou 800 mètres au Nord-Est de Flavigny. A l'apparition des cuirassiers, tous s'arrêtent ; les tirailleurs font demi-tour pour rallier en courant les troupes voisines. D'autres se jettent dans une rigole qui suit le fond du vallon de Flavigny [2].

A ce moment, le capitaine Hildebrand est avec le gros des 6e et 7e compagnies du 52e. Il s'écrie, dit-on : « Ne tirez pas, ce sont les nôtres ! », sans doute dans l'intention d'empêcher un feu prématuré. Puis il commande « Apprêtez arme » et replie ses ailes en crochets défensifs. Quant aux tirailleurs de ces deux compagnies, ils se seraient ralliés en cercle ; à leur gauche la 12e et des fractions de la 9e compagnie du 12e régiment précèdent le gros de leur bataillon. La 11e se jette sur le prolongement des précédentes [3].

La vue de tirailleurs prussiens fuyant à toutes jambes donne un vigoureux élan aux cuirassiers. Les cris de « Chargez ! » et de « Vive l'Empereur ! » retentissent de tous côtés dans leurs rangs, en même temps que les lames de sabre s'élèvent au-dessus des casques. Le terrain est excellent, des chaumes coupés

---

[1] Cette explication paraît invraisemblable. Si le 2e échelon, comme le 1er, avait pris le galop de pied ferme, il eût été bien malaisé, sinon impossible au général du Preuil de lui faire dire de ralentir, puis de le rejoindre pour se placer sur son flanc. Les deux mouvements successifs de *pelotons à gauche* et de *pelotons à droite*, suivis d'un départ au galop pour chaque échelon suffisent amplement à expliquer cette formation très profonde.

[2] Souvenirs du colonel Sainte-Chapelle, *loc. cit.*

[3] Kunz, *loc. cit.*, p. 63 ; *Das Füsilier-Bataillon vom 12. Grenadier Regiment*, cité par la *Revue d'Histoire*, I, 1904, p. 127.

au ras du sol ; il descend en pente douce vers l'ennemi et les chevaux prennent le galop allongé, « en conservant un alignement superbe. Jamais escadrons ne firent, à un jour d'inspection générale, un simulacre d'attaque plus correct[1] ».

Des groupes d'infanterie prussienne se sont formés devant eux. Celui de droite est exactement sur l'axe suivi par le 4e escadron. Lancé à fond, il voit les fantassins ennemis grandir à chaque foulée, sans dévier de sa course. Leur front est sensiblement égal au sien, si bien que le 6e escadron, celui de gauche, charge dans le vide, en longeant la rive gauche de la rigole de Flavigny[2], d'où sortent les casques à pointe et les canons de fusil de quelques tirailleurs, spectateurs malgré eux.

Les cuirassiers voient « très distinctement le groupe principal de droite se former, puis apprêter l'arme et mettre en joue... ». Ils entendent nettement les commandements « faits sur une note très aiguë et dans le haut de la voix », suivant l'usage allemand. Celui de feu, qui est attendu « avec quelque anxiété », est suivi d'une salve, puis, aussitôt, d'un feu rapide. Nous sommes « alors à moins de 100 mètres ». Lors de la salve, quelques chevaux culbutent ; mais la masse n'en est pas ralentie dans sa course et l'effet ne paraît pas considérable. La fumée voile complètement l'objectif du 4e escadron, dont le centre semble se creuser sous la rafale, tandis que les ailes divergent à droite et à gauche[3]. La droite vient « s'abattre sur les baïonnettes » des 6e et 7e compagnies du 52e, leur faisant un rempart de cadavres ; la gauche est fusillée à bout portant et de flanc par les 5e et 8e compagnies. Quelques cuirassiers, dont le maréchal des logis-fourrier Sainte-Chapelle, poussent jusqu'à l'extrémité de droite de cette

---

[1] Colonel Sainte-Chapelle, *loc. cit.* Ce témoin affirme que la charge n'est nullement gênée par des ustensiles de campement ou d'autres objets abandonnés par le 2e corps, ainsi que l'écrit le major Kunz, *loc. cit.*, p. 63, d'après divers auteurs français, notamment le général Bonie.

[2] Le colonel Sainte-Chapelle écrit la rive *droite*, mais il semble que ce soit par erreur.

[3] Colonel Sainte-Chapelle, *loc. cit.* Ce récit est confirmé dans ses grandes lignes par celui du major Kunz, p. 63. Mais il admet que le capitaine Hildebrand commanda le feu à 200 mètres et que l'effet des *trois salves* tirées fut « terrible ». Le colonel Sainte-Chapelle écrit que les 6e et 7e du 52e forment un angle après s'être ralliés. D'après le major Kunz, elles ont replié leurs deux ailes, ce qui expliquerait l'illusion des cuirassiers.

infanterie. Le chef d'escadrons Sahuquet, mortellement blessé, pénètre dans les rangs prussiens suivi d'un adjudant, qui est tué raide. Tous les officiers du 4e escadron sont hors de combat, dont trois des chefs de peloton tués. « De tout le cadre, le capitaine Thomas et le maréchal des logis chef Langlade, tous deux blessés, reviennent seuls à cheval. De l'escadron, on ne peut rallier après la charge qu'une vingtaine de chevaux[1] ».

Le 6e escadron, qui donnait dans le vide, s'est de plus en plus rejeté vers la gauche, au moment où les deux ailes du 4e s'ouvraient sur la masse prussienne. Il est ainsi fusillé à courte portée par les 5e et 8e compagnies du 52e, qui mettent hors de combat un grand nombre de chevaux. Il peut néanmoins se rallier au sud du ruisseau, grâce au demi-tour qu'a fait opérer Hildebrand à sa droite pour fusiller les cuirassiers qui avaient traversé la ligne prussienne[2].

Mais notre second échelon survient, conduit par le commandant de Vergès, le général du Preuil et son état-major suivant sur le flanc droit. Par suite des circonstances, il y a une grande distance entre lui et le premier échelon, en sorte que la destruction des 4e et 6e escadrons est à peu près complète, quand les 2e et 3e débouchent en face des Prussiens. Devant l'épaisse ligne de morts et de blessés qui les en sépare, ils appuient inconsciemment à droite et sont reçus à 60 mètres par une décharge qui abat « leurs deux rangs dans un pêle-mêle indescriptible ». Neuf officiers sont tués, blessés ou démontés; le commandant de Vergès, blessé et démonté, se remet en selle sous le feu. Mais l'impulsion est rompue. Quelques cuirassiers seulement arrivent jusqu'aux baïonnettes prussiennes[3].

Quant au 1er escadron, conduit par le colonel Dupressoir, qui, lui aussi, est démonté et blessé, il se disperse très rapidement au moment où refluent les débris du deuxième échelon. Le peu qui

---

[1] Le colonel Sainte-Chapelle, *loc. cit.*; général Bonie, p. 63 et suiv. D'après le major Kunz, *loc. cit.*, p. 63, un sous-officier de cuirassiers enfonça la ligne prussienne et sabra plusieurs hommes, mais fut bientôt pris, après avoir été démonté. Deux officiers, un sous-officier et quelques cuirassiers traversèrent les compagnies du 52e, pour se heurter ensuite aux 11e et 17e hussards.

[2] Colonel Sainte-Chapelle, *loc. cit.*; le major Kunz, p. 64, mentionne seulement un demi-tour du second rang.

[3] *Revue d'Histoire*, I, 1904, p. 132; général Bonie, p. 63 et suiv.

reste du régiment vient se reformer en arrière des carabiniers de la Garde, au Nord-Est de Rezonville. Il a perdu : 7 officiers tués ou disparus, 12 blessés; 133 cavaliers tués ou disparus, 55 blessés; 208 chevaux manquants[1].

Sans doute, les résultats de la charge des cuirassiers de la Garde sont plus marqués que ceux obtenus par le 3e lanciers. Ce beau régiment a ralenti, pendant un temps appréciable, les progrès des deux bataillons de Hildebrand, sans toutefois leur infliger des pertes sensibles. Mais il est de toute évidence que le bénéfice ainsi recueilli est singulièrement mince, hors de proportion avec les sacrifices si vaillamment consentis. En somme, les cuirassiers de la Garde échouent dans leur attaque, bien qu'elle ait été menée à fond, du moins pour les deux premiers échelons, et, en tout cas, avec une vigueur beaucoup plus grande que celle du 3e lanciers.

Les causes de cet échec sont multiples. Voici, semble-t-il, les principales :

1° Comme pour le régiment du colonel Torel, absence de reconnaissance préliminaire, d'où résultent du désordre et une perte de temps marquée ;

2° Mauvais choix du moment de la charge, l'infanterie ennemie, relativement intacte, ne devant pas être surprise par elle;

3° Attaque opérée de front, alors que menée obliquement ou de flanc, elle aurait plus de chances de succès ;

4° Distances trop grandes entre les trois échelons. Il semble, en effet, que contre de l'infanterie ces distances doivent être telles que l'ennemi ne puisse se ressaisir après avoir résisté à l'échelon précédent, avant l'intervention du suivant. L'inconvénient est que, avec la tension actuelle des trajectoires, une balle ayant manqué le premier échelon peut fort bien atteindre le second. Mais il ne serait possible d'y remédier qu'en adoptant des distances telles que la formation par échelons n'aurait plus aucune utilité.

---

[1] Historique du corps, *Revue d'Histoire*, I, 1904, p. 480. La même Revue donne des chiffres différents (p. 123) : 6 officiers tués ou morts de leurs blessures, 12 officiers blessés ; 140 cavaliers tués ou disparus, 30 blessés.

VIII

Charge de la brigade Redern.

Jusqu'alors la cavalerie allemande n'a pris qu'une part très faible à l'action. Pourtant, dès 11 h. 45, Alvensleben donnait à la 6e division de cavalerie l'ordre d'intervenir. C'était le moment de nos premiers mouvements rétrogrades à l'Est de Vionville et de Flavigny. D'après le *Gefechtsbericht* (rapport de combat) de la division, le lieutenant chargé de porter cette prescription atteignit le duc de Mecklembourg avant midi[1]. On a prétendu que cette division « était très éloignée du point voisin de Vionville » où se tenait Alvensleben. En réalité il y a moins de 2,000 mètres de la Statue de la Vierge[2] à la lisière sud de Vionville, c'est-à-dire une distance à parcourir en quelques minutes aux allures vives. Le retard que met la 6e division à exécuter l'ordre d'Alvensleben est donc difficilement explicable.

Avant même qu'elle s'y décide, une fraction de la 5e division de cavalerie en prend l'initiative.

Nous avons dit que le lieutenant-colonel von Caprivi, chef d'état-major du Xe corps, a pris les devants pour gagner le champ de bataille. Depuis son arrivée, il y est resté en observation. Sur son invitation, deux régiments de la brigade Redern[3] quittent leur emplacement du ravin au sud du cimetière pour refouler la charge des cuirassiers de la Garde. A la tête des trois escadrons du 17e hussards et des restes de celui du 2e dragons de la Garde, le lieutenant-colonel von Rauch se jette sur les débris de nos cavaliers en remontant les pentes nord du vallon de

---

[1] *Einzelschriften*, XVIII, p. 553.

[2] *Revue d'Histoire*, I, 1904, p. 133.

[3] Il s'agit des 1er, 2e, 4e escadrons du 17e hussards, du 11e hussards, auxquels se sont joints les restes du 2e escadron du 2e dragons de la Garde. Le 10e hussards (2e, 3e, 4e escadrons) est encore au Sud des bois de Tronville.

Flavigny ; le lieutenant-colonel von Eberstein suit en échelon de droite avec le 11e hussards.

Au moment où survient la charge prussienne, nos cavaliers refluent déjà vers Rezonville, en sorte que les escadrons de Rauch n'atteignent guère que ceux qui ont été démontés [1]. Eux-mêmes sont épars sur un grand front et une grande profondeur, lorsqu'ils passent sans arrêt sous le feu de notre 3e bataillon de chasseurs [2] et d'une batterie à cheval de la réserve générale (3e du 18e). Au même instant apparaît sur les pentes descendantes, à l'Ouest de Rezonville, une batterie de la Garde (2e du régiment à cheval). Elle vient de dépasser la 10e du 15e régiment, lorsque le maréchal Bazaine, qui est présent, prescrit au lieutenant d'Esparbès, qui marche en tête, de se mettre en batterie.

La rapidité de l'allure a été telle que trois pièces seulement ont suivi ; le reste est à une assez grande distance. Au moment où l'on sépare les avant-trains des premières, le lieutenant-colonel von Rauch fait converser à droite une fraction de son 1er escadron et la jette sur le flanc de nos pièces, tandis que d'autres hussards conduits par le capitaine von Baerst les attaquent de front.

D'Esparbès peut à peine tirer trois coups à mitraille. Déjà les Prussiens sont dans sa demi-batterie. Il est tué, 6 hommes sont blessés et 10 chevaux hors de combat. Dans leur tourbillon, les hussards entraînent vers Rezonville deux des avant-trains et des servants. Cette masse confuse afflue sur la 10e batterie du 15e régiment qui est mise en désordre, subit quelques pertes et se retire ensuite au Nord-Est de Rezonville, où elle ne sera plus engagée de tout le jour [3].

---

[1] *Revue d'Histoire*, I, 1904, p. 136, d'après le colonel Sainte-Chapelle.

[2] *Revue d'Histoire*, I, 1904, p. 135, d'après l'historique imprimé du corps. L'historique manuscrit (*Ibid.*, III, 1903, p. 676) ne mentionne pas ce fait. La 3e batterie du 18e est la seule batterie à cheval de la réserve générale qui soit restée au nord de la route (Historique, *Ibid.*, I, 1904, p. 700).

[3] *État-Major prussien*, I, 575 ; Historique du régiment d'artillerie à cheval de la Garde, *Revue d'Histoire*, I, 1904, p. 484 ; Historique des 6e et 10e batteries du 15e régiment, *Ibid.*, IV, 1903, p. 422 ; Dick de Lonlay, III, p. 94 ; *Revue d'Histoire*, I, 1904, p. 136.

Les trois pièces, un instant enlevées par les hussards, sont ramenées à bras,

Quant aux trois pièces de gauche, elles surviennent en pleine échauffourée. Le capitaine Donop cherche à les mettre en batterie « par demi-tour des voitures », mais les attelages s'emportent à la vue des hussards et galopent avec eux vers Rezonville.

Le maréchal Bazaine et son état-major sont sur la ligne de nos tirailleurs d'infanterie, où ils n'ont pourtant que faire. Ils suivent encore des yeux la charge des cuirassiers de la Garde, quand, tout à coup, ils voient une ligne de cavalerie venant d'écharpe à toute vitesse. On ne distingue pas d'abord si elle est française ou allemande, mais une voix s'écrie : « Ce sont les Prussiens ! » et Bazaine, ainsi que son entourage, met l'épée à la main. Avec le plus grand sang-froid, il voit arriver sur lui un groupe de hussards qu'il attend sans broncher[1]. Une courte mêlée s'engage, au cours de laquelle le lieutenant-colonel Gaillard, sous-chef d'état-major du 2e corps, est blessé à la tête d'un coup de sabre.

Puis le maréchal et ses officiers sont entraînés vers Rezonville, pêle-mêle avec des hussards prussiens et des artilleurs de la Garde. Bazaine, la tête abritée d'un couvre-nuque blanc, galoppe même un instant côte à côte avec un officier prussien. Il arrive ainsi à proximité d'un de ses escadrons d'escorte (5e du 5e hussards) et lui crie : « En avant, les hussards ! » Ceux-ci chargent aussitôt les cavaliers qui poursuivaient le maréchal et les refoulent, non sans des pertes sensibles : trois officiers et seize hommes[2]. D'ailleurs, l'autre escadron d'escorte (1er du

---

après la disparition de ceux-ci, par des chasseurs du 3e bataillon et remises à une batterie de la ligne qui les verse à l'arsenal de Metz, où la 2e batterie à cheval de la Garde les retrouvera le 20 août.

[1] Général JARRAS, *Souvenirs*, p. 106 et suiv. ; lettre du général Zurlinden, *Revue d'Histoire*, IV, 1903, p. 665. D'après la *Revue d'Histoire*, I, 1904, p. 197, qui n'indique par ses références, l'état-major du maréchal est resté près de la route de Mars-la-Tour, vers la cote 299 ; des deux escadrons d'escorte, le 5e du 5e hussards est près de la 10e batterie du 15e ; le 1er du 2e chasseurs est sur le bord de la route, près de l'état-major.

La cote 297 ne figure pas sur la carte au 1/50,000e, non plus que sur le croquis nº 2 de la *Revue d'Histoire*. Il faut lire sans doute cote 296, sur la route de Mars-la-Tour, à mi-chemin de Rezonville au chemin Flavigny—Saint-Marcel.

[2] L'escadron ne comptait que 75 sabres dans le rang (*Revue d'Histoire*, I, 1904, p. 138, d'après un état de pertes du 1er septembre 1870). Le capitaine commandant des Courtis, fait prisonnier sans blessure, fut aussitôt interrogé

2e chasseurs) intervient à son tour. « Surpris de cette rencontre, à laquelle ils ne semblent pas s'attendre, les cavaliers prussiens ne tiennent pas et, après un court combat à l'arme blanche », s'enfuient, ayant toutefois infligé aux chasseurs des pertes sensibles : trois officiers et vingt hommes[1].

Enfin, un dernier escadron d'escorte, celui du général Frossard, 3e du 4e chasseurs, poursuit également les fuyards, auxquels il fait quelques prisonniers[2].

En somme, la charge de cette brigade prussienne, dirigée contre les cuirassiers de la Garde et le 3e lanciers, a porté presque uniquement sur deux de nos batteries, dont l'une a été à peu près annihilée et l'autre mise temporairement hors de combat. Finalement, les hussards prussiens sont ramenés par plusieurs de nos escadrons.

L'état-major prussien dissimule de la façon suivante leur échec final : « Comme de la cavalerie française se mettait aussi de divers côtés en mouvement contre la charge des hussards, on y mit fin et l'on prescrivit la retraite[3]. » D'ailleurs, malgré son issue, l'attaque de la brigade Redern exerce sur le centre de notre ligne un effet moral indéniable.

Le maréchal Bazaine a été séparé du général Jarras et de son état-major, qui le croient pris ou tué pendant un temps assez long. Canrobert est même avisé d'avoir à prendre le commandement[4].

---

par le lieutenant-colonel von Caprivi et mit à le renseigner une complaisance au moins regrettable. Avec un autre de nos officiers, il suivit à pied, toute la la journée l'état-major du Xe corps, même sous les balles de notre infanterie. Le soir, des coups de fusil obligent cet état-major à éteindre le feu de bivouac autour duquel il se tient près de Tronville. Chacun s'y emploie activement, y compris des Courtis et son compagnon, en employant le procédé décrit complaisamment par Rabelais pour Pantagruel (Hoenig, *Darstellung des Strategie*, p. 114).

[1] Historique de l'escadron reproduit par la *Revue d'Histoire*, I, 1904, p. 138.

[2] Historique du corps, *Revue d'Histoire*, IV, 1903, p. 409.

[3] I, p. 575. Le 11e hussards perdit le 16 août : 1 officier blessé, 6 cavaliers tués, 15 blessés et 18 chevaux tués ; le 17e hussards : 2 officiers blessés, 7 cavaliers tués, 68 blessés, 14 disparus et 74 chevaux tués (*Ibid.*, *Annexes*, I, p. 175).

[4] Général Jarras, *loc. cit.*, p. 106-109 ; Bazaine, *Episodes*, p. 80-83 ; Général du Barail, III, p. 184 ; Note du général Bourbaki, *Revue d'Histoire*, I, 1904, p. 417.

Le commandant en chef, resté presque seul avec son porte-fanion au Sud-Ouest de Rezonville, envoie au maréchal Le Bœuf, par un officier, l'ordre de ne pas trop hâter son mouvement offensif afin de laisser à Ladmirault le temps d'achever sa conversion [1]. Cette recommandation, au moins intempestive, n'exerce qu'une influence restreinte sur l'attitude du 3e corps, à peu près passive depuis le début de l'action et destinée à rester telle en dépit des circonstances.

Ainsi, faibles résultats matériels, grave ébranlement moral infligé à nos troupes, telles sont les conséquences de la charge de Redern. Elles sont plus avantageuses pour l'ennemi que celles résultant pour nous des attaques du 3e lanciers et des cuirassiers de la Garde. Les raisons principales de ce fait semblent être les suivantes :

1° Choix du moment opportun, alors que nos cavaliers viennent d'échouer dans leurs attaques contre l'infanterie et masquent en grande partie la nôtre dans leur retraite ;

2° Mobilité supérieure affirmée par les escadrons prussiens, qui chargent d'abord de front nos troupes, puis abordent de flanc l'une de nos batteries se ménageant ainsi des avantages sérieux.

---

[1] Colonel Fix, *Lecture* du 18 mars 1899, p. 253. Le capitaine Fix, de l'état-major général, mit longtemps avant de trouver Le Bœuf, qui répondit : « C'est bien. Dites au général en chef que je ralentis mon mouvement pour donner au général de Ladmirault le temps d'arriver ». Il écrit de sa main la réponse et la date de 4 h. 30.

IX

Démonstration de la 6e division de cavalerie.

Sur les entrefaites, le duc de Mecklembourg a enfin terminé les mouvements préparatoires de la charge qui lui avait été prescrite cinq quarts d'heure auparavant. Il est 1 heure lorsque sa division dépasse la crête de la statue de Sainte-Marie, formée sur trois lignes, la brigade Rauch (3e et 16e hussards) en tête.

En ligne de colonnes, elle est suivie en échelon de gauche par la brigade Grüter, elle-même disposée sur deux lignes, le 15e uhlans dans la même formation, suivi de trois escadrons du 6e cuirassiers, dont deux en masse, et de deux escadrons du 3e uhlans en ligne de colonnes. Formation hybride et relativement peu mobile, par suite.

Dès que cette masse de dix-sept escadrons dépasse la crête qui la couvrait vers Rezonville, elle est prise pour objectif par celles de nos batteries encore en action au sud de la route. En outre, elle est gênée par l'artillerie prussienne établie sur la hauteur de Sainte-Marie et par les escadrons de la brigade Redern qui se rallient après leur échec. Enfin six escadrons de cavalerie divisionnaire (1er, 2e, 3e du 9e dragons, 1er, 2e, 4e du 12e), qui couvraient jusqu'alors la droite des batteries, voyant la division se mettre en marche, se joignent à elle de leur propre initiative, rétrécissant encore un front déjà trop étroit, Dès lors le déploiement de ces 23 escadrons ne peut s'achever. La majeure partie de la division reste en ligne de colonnes qui affluent dans l'espace restreint compris entre Flavigny et le chemin de Chambley, mille mètres environ. Dès le début, le général von Rauch et le colonel von Zieten ont été mis hors de combat ; le colonel von Schmidt, qui commande alors la brigade Rauch, la conduit

---

[1] *État-Major prussien*, I, p. 576.

jusqu'à la hauteur de l'infanterie prussienne, mais pour être aussitôt accablée par les feux croisés de nos bataillons et de nos batteries.

Il croit devoir l'arrêter, pour la remettre en ordre, sans doute dans l'angle mort à la naissance du vallon de Flavigny. Cette opération se fait avec calme, dit-on, malgré une pluie de projectiles. Puis Schmidt ramène la brigade dans un pli de terrain à l'ouest de Flavigny : elle a subi des pertes marquées[1].

Quant à la brigade Grüter, qui suit celle de von Rauch, sa charge ne réussit pas davantage. Le 15e uhlans, seul, a une courte mêlée avec l'un des escadrons d'escorte du maréchal Bazaine, lancé à la poursuite des hussards de Redern. Le 6e cuirassiers essaie de charger vers la route. Mais le feu toujours plus efficace de notre infanterie l'oblige, ainsi que le 15e uhlans, à une prompte retraite. Elle se fait, dit-on, avec le plus grand calme, « comme sur le terrain de manœuvres », sous la protection des deux escadrons du 3e uhlans. La brigade Grüter se reporte ensuite derrière Flavigny.

Les pertes de ces 23 escadrons méritent d'être étudiées dans le détail. Les voici :

6e cuirassiers (trois escadrons) : 1 officier et 6 hommes blessés ; 4 chevaux tués, 5 blessés ; total : 7 hommes et 9 chevaux.

3e uhlans (deux escadrons) : 1 officier tué, 1 blessé ; 8 hommes tués, 14 blessés ; 24 chevaux tués, 20 blessés ; total : 24 hommes et 44 chevaux.

15e uhlans (quatre escadrons) : 3 officiers blessés ; 5 hommes tués, 24 blessés, 5 disparus ; 18 chevaux tués, 12 blessés ; total, 37 hommes et 30 chevaux.

3e hussards (quatre escadrons) : 3 officiers tués, 5 blessés, 1 disparu ; 51 hommes tués, 88 blessés, 1 disparu ; 133 chevaux tués, 88 blessés ; total : 149 hommes et 221 chevaux,

---

[1] L'État-Major prussien et les *Einzelschriften* (XVIII, p. 557) font erreur en attribuant cet échec à l'intervention des troupes fraîches, la division de grenadiers Picard : elle est encore entre Rezonville et Gravelotte. L'infanterie qui arrêta la démonstration du duc de Mecklembourg appartenait au 2e corps (3e bataillon de chasseurs et 1er bataillon du 76e de ligne, peut être des fractions du 32e) ou au 6e (1er bataillon du 25e).

16e hussards (quatre escadrons) : 1 officier tué, 2 blessés ; 6 hommes tués, 27 blessés ; 11 chevaux tués, 66 blessés ; total : 36 hommes et 77 chevaux.

9e dragons (trois escadrons) : 10 hommes blessés ; 6 chevaux tués, 6 blessés, 2 disparus ; total : 10 hommes et 14 chevaux.

12e dragons (trois escadrons) : 3 hommes tués, 10 blessés ; 28 chevaux tués, 4 blessés ; total : 13 hommes et 32 chevaux [1].

Les pertes des cuirassiers et des dragons sont très faibles, celles du 3e hussards très considérables. Dans l'ensemble, le 3e hussards mis à part, les pertes de ces sept régiments ne justifient pas une retraite aussi prompte, sans qu'aucun résultat sérieux ait été obtenu. Ils ont eu conscience, sans doute, de l'inutilité de leur tentative, venue trop tard. Cinq quarts d'heure auparavant, l'instant était favorable ; la retraite des 91e et 94e de ligne offrait à l'ennemi l'occasion classique d'une attaque contre l'infanterie. Venant après la charge de la brigade Redern et son échec, celle des deux brigades du duc de Mecklembourg, maladroitement dirigée contre de l'infanterie en position, sur un glacis, n'avait que de faibles chances de succès. D'autre part, l'attitude passive de nos troupes à l'ouest de Rezonville ne la rendait pas indispensable. Il eût été préférable de l'ajourner ou, à défaut, de la mener à fond.

---

[1] *État-Major prussien*, annexes, I, p. 154 et suiv. Une partie de ces pertes est imputable à la charge du soir.

X

La Chevauchée de la Mort.

Cependant le général von Buddenbrock a mis à profit la courte pause résultant des charges qui précèdent pour remettre ses bataillons en ordre. Mais sa gauche est dans une « situation toujours plus critique, à la suite d'un combat de plusieurs heures »[1].

C'est dans cet instant de crise qu'apparaissent au nord de Saint-Marcel des masses considérables qui semblent se mouvoir contre le flanc gauche de la ligne prussienne. Déjà leur artillerie enfile le ravin qui remonte vers Vionville à l'est des bois de Tronville.

Pour parer à ce danger menaçant, Alvensleben dispose seulement de la demi-brigade du colonel Lehmann, qui a devancé le reste du Xe corps. L'approche de la 20e division d'infanterie le détermine à engager ces trois bataillons dans les bois. Désormais il n'a plus que de la cavalerie en réserve.

Jusqu'alors il est parvenu, à force d'audace, à tromper entièrement notre commandement sur ses forces. Il a déjà attiré contre lui quatre corps d'armée qu'un cinquième va suivre. Non seulement notre marche vers la Meuse est arrêtée, mais les Allemands tiennent notre principale ligne de retraite. Le commandant du IIIe corps peut s'estimer satisfait de ces résultats. Il n'a aucune raison de pousser plus avant. Il s'agit au contraire pour lui de ne pas être écrasé par le nombre, devant un adversaire jusqu'alors inconscient de sa force. Il n'est que 2 heures et cette journée d'août n'est pas près de finir. « Il n'y a plus d'infanterie, plus une pièce en réserve. Le premier renfort à

---

[1] *État-Major prussien*, I, p. 581.

attendre, la 20e division, est loin encore[1]. » C'est ainsi qu'Alvensleben est de nouveau conduit à faire usage de sa cavalerie.

Il a quitté son poste d'observation à l'ouest de Vionville pour suivre les premiers mouvements du colonel Lehmann et se rendre compte de l'emplacement de la 5e division de cavalerie. Pour la deuxième fois, il rencontre Rheinbaben. A ce moment, avec les brigades Barby et Bredow, le général se portait au nord des bois de Tronville, en les contournant par l'Ouest, « afin de mieux couvrir le flanc gauche ». Mouvement qui, d'ailleurs serait parfaitement rationnel, si la présence de la cavalerie n'était indispensable entre Vionville et le ravin de Gorze, pour suppléer aux autres armes qui vont faire défaut.

Alvensleben n'a donné aucun ordre dans ce sens. Il ne croit pas devoir non plus interdire ce mouvement, bien qu'il soit le plus élevé en grade des officiers généraux présents sur le champ de bataille. Rheinbaben est en effet rattaché au Xe corps et, aux yeux d'Alvensleben, il n'y a pour l'instant aucun motif de s'immiscer dans son commandement. C'est du moins ce qu'écrivent les *Einzelschriften*[2], d'après les *Souvenirs* du général. Peut-être trouvera-t-on ces scrupules hors de saison? Dans la situation d'Alvensleben, son devoir est de faire flèche de tout bois pour parer à un écrasement possible.

Quoi qu'il en soit, il se borne à exprimer « le désir » qu'une brigade au moins reste à sa disposition. C'est celle de Barby qui est tout d'abord désignée ; puis Rheinbaben se ravise. C'est Bredow qui va demeurer vers Tronville, pour s'immortaliser bientôt, un peu malgré lui, par sa *Todtenritt* (Chevauchée de la Mort). Barby se portera de nouveau à l'ouest des bois de Tronville pour couvrir la gauche de l'infanterie prussienne (1 heure environ)[3].

La brigade Barby s'est mise en mouvement depuis un certain temps, lorsque l'état-major du IIIe corps s'aperçoit que Bredow

---

[1] *Etat-Major prussien*, I, p. 585.

[2] XVIII, p. 561.

[3] Barby a sous ses ordres les 4e cuirassiers, 13e uhlans, 19e dragons. Le 13e dragons (brigade Bredow) est déjà en observation au sud de Bruville. Vers 1 heure, la brigade des dragons de la Garde, venant de Saint-Hilaire, débouche de Mars-la-Tour avec la 1re batterie à cheval de la Garde. Cette dernière est aussitôt portée vers le point où stationne le 13e dragons.

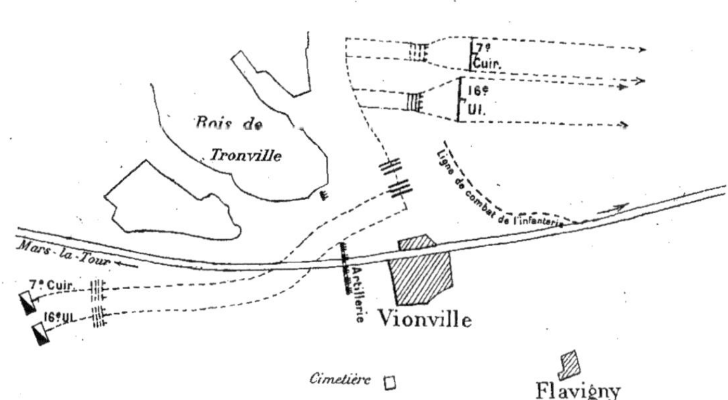

Croquis schématique de la Chevauchée de la Mort.

se dispose à la suivre. C'est, dit-il, qu'il en a reçu l'ordre de Rheinbaben. Il est aussitôt avisé que cet officier général a expressément laissé une fraction de sa division à la disposition d'Alvensleben. Bredow reste donc auprès de Tronville[1].

Après cet incident, Alvensleben est retourné à l'ouest de Vionville. Cette fois la division Buddenbrock est pleinement réduite à la défensive. Son chef « n'avait plus un homme d'infanterie à sa disposition »[2]. Le feu des tirailleurs allemands s'éteignait peu à peu. « Le danger paraissait extraordinairement grand »[3]. Le feu de l'artillerie française devenait « toujours plus insupportable », aussi bien entre la voie romaine et Rezonville que vers Saint-Marcel. On s'attendait à une nouvelle attaque de notre part; des tourbillons de poussière annonçaient l'approche de renforts. L'un des officiers de l'état-major de Buddenbrock recevait l'ordre d'aller auprès d'Alvensleben, pour réclamer du secours. Le général répondait qu'en dehors de la cavalerie il n'avait plus un homme sous la main. Il allait donc recourir à elle[4], de toute nécessité.

Dans les conditions présentes, Albensleben estime qu'il doit tenir Vionville à tout prix ; il lui faut donc donner de l'air à la division Buddenbrock et, pour cela, prévenir notre attaque, afin que nous ne puissions nous rendre compte de la supériorité de nos forces. Le seul moyen est de faire intervenir la cavalerie : « L'ascendant que, jusqu'alors, le IIIe corps avait conquis et maintenu sur l'ennemi paraissait menacé par les préparatifs d'une attaque contre la 6e division d'infanterie. Il n'était pas encore 2 heures.... il semblait à peu près indifférent que l'adversaire fût arrêté plus ou moins avant dans sa marche vers l'Est ; un mouvement rétrograde avait donc été prévu et envisagé.

« Mais la pensée d'abandonner nos blessés et le champ de bataille à l'ennemi était insupportable.

« Dans un engagement de ce genre, la manœuvre cesse et l'on

---

[1] *Einzelschriften*, XVIII, p. 561, d'après les souvenirs personnels du colonel von Voigts-Rhetz et l'ouvrage du général VON BREDOW, *Aus meinem Leben*, p. 50.

[2] *Einzelschriften*, *loc. cit.*

[3] *Militär Wochenblatt*, 1899, p. 109, 2741, *L'Attaque Bredow*, par le major A. VON KALCKREUTH, alors officier d'ordonnance du général von Buddenbrock.

[4] Major VON KALCKREUTH, *loc. cit.*

est soumis aux hasards du combat. Renoncer à la supériorité morale aurait été pour l'issue de la journée un risque tel que les autres disparaissaient devant celui-là.

« Je décidai de prévenir l'adversaire par une nouvelle attaque de cavalerie ; la 6e division d'infanterie n'en était plus capable en raison de ses pertes et de sa fatigue.

« Je prescrivis donc au colonel von Voigts-Rhetz, chef d'état-major du IIIe corps, de se porter auprès de la brigade Bredow...[1] » Entendant cet ordre, le colonel von Drigalski, du 2e dragons, se tourne vers Alvensleben, une demande muette dans les yeux. Le général la comprend fort bien, mais garde près de lui ce régiment. Il lui faut une réserve pour des cas imprévus.

En l'absence de Rheinbaben, le chef d'état-major du IIIe corps transmet directement à Bredow l'ordre d'attaquer nos batteries voisines de la voie romaine. Mais il ajoute de son chef : « La brigade, laissant à sa droite l'artillerie prussienne, marchera le long du bois[2] contre la droite de l'adversaire ». Il indique en outre le meilleur chemin à suivre et, comme Bredow lui objecte : « Nous devons donc attaquer le bois ? », il répond que l'infanterie prussienne l'occupe déjà.

Cette assurance ne suffit pas à Bredow, sans doute, car il détache dans les bois de Tronville deux de ses escadrons sur huit[3], mesure inopportune qui l'affaiblit au moment le plus critique, sans la moindre utilité. A quoi pourront bien servir ces deux escadrons perdus dans les fourrés ?

Chose moins compréhensible encore, Bredow prend la singulière précaution de faire tirer au sort les numéros de ces escadrons, « fait unique dans l'histoire depuis les Horaces[4] ». Voyant la lenteur de ces préparatifs, le colonel von Voigts-Rhetz, qui

---

[1] Alvensleben, *Souvenirs*, reproduits par les *Einzelschriften*, XVIII, p. 562.

[2] Bois de Tronville ou bois de Saint-Marcel et bois Pierrot (?). Il s'agit de l'artillerie prussienne dont la gauche est vers les bois de Tronville.

[3] 3e du 7e cuirassiers et 1er du 16e uhlans. L'État-Major prussien, I, p. 586, ajoute que l'ordre de faire ce détachement fut apporté à Bredow par un officier d'ordonnance d'Alvensleben, détail confirmé par Bredow (*Aus meinem Leben*, p. 47). Les *Einzelschriften*, XVIII, p. 563, assurent, d'après Alvensleben et les témoins, que cet officier général ne donna aucun ordre de ce genre.

[4] Alvensleben, *Souvenirs*, *loc. cit.* Nous verrons un autre exemple du même fait dans la journée du 16.

s'était un peu éloigné, croit devoir revenir sur ses pas pour faire remarquer à Bredow qu'il n'y a pas « de temps à perdre ». Enfin la brigade se met en mouvement ; elle gagne la bifurcation de la route de Mars-la-Tour et du chemin de Tronville, traverse la première et, formée en ligne de masse, gagne la gauche des batteries allemandes à l'ouest de Vionville. Elle peut ainsi atteindre le ravin qui descend au nord de ce village, après avoir été en vue un temps très limité vers la cote 287, et, comme le fait remarquer la *Revue d'Histoire*[1], les rapports historiques de la division Tixier, du 6e corps, ne mentionnent pas son apparition. Mais le commandant de l'artillerie de La Font de Villiers l'aperçoit et prend des dispositions en conséquence[2].

Il est 2 h. 30 environ et notre inaction rend le danger moins pressant. Au moment où Bredow franchit la route de Mars-la-Tour, le général von Buddenbrock s'écrie : « Ah ! je crois que ça irait peut-être sans eux ! », et il donne au lieutenant von Kalckreuth l'ordre d'aller dire à Bredow que, s'il charge sur son invitation à lui, Buddenbrock, il peut renoncer à cette attaque. Kalckreuth prend le galop et transmet cette communication. Mais Bredow de répondre aussitôt : « J'ai reçu l'ordre de charger du général von Rheinbaben (?) ; j'y vais[3] ».

Dans le ravin au nord de Vionville, il est entièrement caché aux vues de nos troupes, même de celles à l'ouest du bois de Saint-Marcel. Après avoir fait « pelotons à gauche », il se prolonge dans cette nouvelle direction, descendant ainsi le ravin. Il gagne 1,500 pas environ vers le Nord[4], de façon que son régiment de tête, 7e cuirassiers, arrive à hauteur de la dernière croupe mollement infléchie qui descend du mamelon 312, suivant une direction à peu près parallèle à la voie romaine. Bredow fait alors sonner *front*, c'est-à-dire « pelotons à droite », puis « au galop ! ».

---

[1] I, 1904, p. 173. Cette cote 287 ne figure pas sur la carte au 1/50,000e.

[2] Rapport du lieutenant-colonel Jamet, 18 août, *Revue d'Histoire*, I, 1904, p. 392. Le terrain entre les bois et la cote 297 à l'ouest de Vionville est en partie masqué aux vues du mamelon 312 par une croupe qui s'allonge au nord du village. (Le mamelon 312 est celui entre le bois de Saint-Marcel et la route de Mars-la-Tour.)

[3] *Militär Wochenblatt, loc. cit.*

[4] *Aufzeichnungen aus d. Geschichte d. Altm. Ulanen Regiments*, Nr, 16, cité par la *Revue d'Histoire, loc. cit.*

A ce moment, le 16e uhlans n'a pas encore achevé son déploiement, en sorte qu'il prend le galop quelques instants après le 7e cuirassiers et perd ainsi 100 à 150 pas de distance.

Les six escadrons prussiens remontent les pentes suivant une direction légèrement inclinée au Sud-Est. Ils ne voient absolument rien de leur objectif, tout en essuyant une grêle de balles tirées trop haut et qui leur font peu de mal [1]. Le major von Dollen, qui commande le 16e uhlans, s'écrie : « Dans tout cela, je ne vois pas du tout l'ennemi que nous devons attaquer ! [2] ». Tout à coup surgissent du sol, à très courte distance, d'épaisses lignes d'infanterie qui se préparent à tirer. Involontairement, les cavaliers prussiens gagnent leurs intervalles, sous des salves et des feux rapides qui les laissent à peu près indemnes. Des batteries voisines tirent à mitraille sans plus de résultat. Un témoin oculaire écrit que, pour lui, l'impression ressentie est celle d'une charge du temps de paix [3]. D'après le même officier, quand les cavaliers prussiens traversent les lignes de notre infanterie, celle-ci jette ses armes et s'enfuit en grandes bandes. Quelques hommes sont transpercés par les uhlans, qui finissent par avoir honte de tuer des adversaires désarmés. Kalckreuth lui-même leur aurait crié : « Laissez-les vivre, ils ne nous feront plus rien ! »

Les escadrons de Bredow ont en face d'eux trois compagnies du 9e bataillon de chasseurs (3e, 4e, 6e) détachées en soutien d'artillerie vers la cote 312, celles du 75e de ligne [4] déployées au sud de la voie romaine, enfin les batteries des divisions Tixier et La Font de Villiers, entre cette rive et la route de Mars-la-Tour.

Le 93e a déjà reflué derrière la crête garnie par cette artillerie,

---

[1] *Militär Wochenblatt, loc. cit.* D'après la *Revue d'Histoire*, I, 1904, p. 173, le 16e uhlans se serait trouvé en face du vallon 260-271 et le 7e cuirassiers devant le petit vallon qui suit, au delà de la croupe 272. Il semble que la charge ait commencé plus au Nord, vers la cote 255. L'Historique du 10e de ligne, les Rapports des généraux Tixier et Péchot (*Revue d'Histoire*, I, 1904, p. 224 et suiv.) ne font même pas mention de cet épisode, bien que ces deux généraux et le 10e de ligne soient alors à la lisière sud des bois de Saint-Marcel et Pierrot.

Le déploiement aurait eu lieu à 1800 pas de l'ennemi, c'est-à-dire vers la cote 271 (*Ibid.*, p. 176, d'après l'Historique du 16e uhlans). Les cotes 255, 260, 271, 272 ne figurent pas sur la carte au 1/50,000e.

[2] *Revue d'Histoire*, I, 1904, p. 178.

[3] *Militär Wochenblatt, loc. cit.; État-Major prussien*, I, p. 576.

[4] 1er bataillon du 75e.

dont le front reste ainsi entièrement à découvert. Il ne reste à la gauche des batteries que les compagnies du 9e chasseurs. Encore sont-elles masquées par le terrain dans la direction de l'ennemi. Quant à l'artillerie des divisions Tixier et La Font de Villiers, quoique leur propre tir ait une réelle efficacité, reconnue par nos adversaires, elles ont beaucoup souffert. Les mouvements préparatoires de Bredow n'ont pas échappé au lieutenant-colonel Jamet, qui commande les dernières batteries. Craignant « une charge de cavalerie sur l'angle du bois de Saint-Marcel » auquel s'appuie notre ligne, il porte rapidement la 6e batterie du 14e régiment en avant, tandis que les deux autres (5e et 7e du 14e) continuent le feu, « en le dirigeant à droite[1] ».

Les batteries de la division Tixier, surtout les 5e et 8e du 8e régiment, « souffrant énormément », le lieutenant-colonel de Montluisant envoie réclamer du renfort. Le chef d'escadron Vignotti s'adresse au général de Forton qui consent à détacher ses deux batteries à cheval (7e et 8e du 20e régiment) restées complètement inactives depuis la surprise du matin. Vignotti les conduit au trot en avant de l'emplacement occupé par l'une de ses propres batteries (5e du 8e régiment), afin de lui permettre de se retirer. C'est à ce moment que la charge survient.

La première des batteries du général de Forton (7e du 20e) vient à peine de se mettre en batterie que les cavaliers de Bredow sont au milieu d'elle, malgré une décharge à mitraille qui a jeté un grand désordre dans leurs premiers rangs. Uhlans et cuirassiers sabrent son personnel. En un instant, quatre officiers et une trentaine d'hommes sont hors de combat. La batterie suivante (8e du 20e) n'a pu mettre que trois pièces en batterie quand la charge l'atteint; les trois autres fuient vers Rezonville[2].

---

[1] Rapport du lieutenant-colonel Jamet, 18 août. D'après le croquis n° 5 de la *Revue d'Histoire*, entre 1 h. 30 et 2 heures ces trois batteries sont ainsi disposées : la 7e du 14e à droite et au nord de la cote 312; la 6e du 14e en retrait vers la cote 306 et la 5e du 14e encore plus en retrait au sud-est. Dans ces conditions comment la 5e continuerait-elle le feu « en le dirigeant à droite » ?

Pertes de ces batteries (Rapport cité) ; 5e : 7 hommes blessés, 3 chevaux hors de combat ; 6e : 1 officier et 20 hommes blessés, 9 disparus, 30 chevaux hors de combat; 7e : 1 officier blessé; 2 hommes tués, 10 blessés, 1 disparu, 9 chevaux hors de combat.

[2] Rapport du commandant Clerc et Historiques des batteries, *loc. cit.* D'après

La batterie la plus voisine, 5e du 8e régiment, masquée par la 7e du 20e, ne peut faire usage de son feu. Elle aussi est traversée par les cavaliers prussiens, qui lui font moins de mal. Toutefois, cette batterie, « ayant 26 hommes et 36 chevaux hors de combat, se retire vers Gravelotte pour se réorganiser avec sa réserve [1] ». L'ennemi passe ensuite sous le feu meurtrier des trois compagnies de soutien (3e, 4e, 6e du 9e bataillon de chasseurs), sans qu'il parvienne à rompre leur élan. Une autre batterie de la division La Font de Villiers (6e du 14e) vient à peine de se porter en avant à la gauche des précédentes ; elle est traversée, elle aussi, et subit des pertes très sensibles. Une dernière (5e du 14e régiment) n'a pas attendu la charge pour amener les avant-trains. Elle se retire rapidement vers l'Est, serrée de près par les cavaliers prussiens [2].

La droite de notre artillerie, moins gravement atteinte, ne peut pourtant exercer qu'une action très restreinte sur les cavaliers de Bredow. La 12e batterie du 8e régiment se borne à opérer un changement de front pour s'établir le dos au bois Pierrot, au sud de la voie romaine. De même, la 7e du 14e, qui tient sa droite, ne semble pas avoir tiré sur la charge. La 7e du 8e, voisine immédiate de la voie romaine, se dispose à faire le feu en arrière sur les cavaliers qui ont passé son front, quand ceux-ci sont masqués par notre cavalerie.

Le gros de la brigade Bredow a continué sa charge. Il débouche ainsi devant le 93e, qui s'est reformé derrière l'artillerie après son échec. La retraite précipitée de certaines de nos batteries « rompt les rangs sur une grande étendue au centre du régi-

---

un état détaillé des pertes du 1er septembre 1870 (*Revue d'Histoire*, I, 1904, p. 181), ces deux batteries perdent le 16 août 6 officiers, 51 hommes, 69 chevaux. Des 49 blessés, 17 sont atteints par le sabre, 11 par la lance, 6 par des balles d'infanterie, 2 par le feu de l'artillerie ; 6 ont des contusions. La nature de sept blessures est inconnue.

D'après la *Revue d'Histoire* (texte et croquis n° 5), la charge n'aurait traversé aucune infanterie avant d'atteindre les batteries du 20e. Cette version est nettement démentie par l'État-Major prussien, 1, p. 586, et par le major von Kalckreuth, témoin oculaire (*loc. cit.*).

[1] Historique des batteries du 8e, Rapport du commandant Vignotti.

[2] C'est sans doute à cette batterie qu'appartient la pièce enlevée un instant par le 16e uhlans (*Militär Wochenblatt, loc. cit.*). Voir aussi le Rapport du lieutenant-colonel Jamet.

ment », et la charge passe par cette trouée. La garde du drapeau est dispersée par notre artillerie et par les cavaliers prussiens ; le porte-drapeau est renversé, le drapeau, « brisé au-dessous de l'aigle » par un projectile, tombe à terre[1]. La confusion est extrême ; la droite du régiment fuit vers la voie romaine. Le reste, rallié par le colonel Ganzin, se maintient sur la crête qui court de la cote 312 vers Rezonville.

Les cavaliers de Bredow n'ont pas encore achevé leur « course à la mort ». Après avoir traversé le 93e, ils descendent dans la dépression au nord-est de Rezonville. Mais notre cavalerie s'ébranle à son tour.

La division Forton est alors disposée le dos à la voie romaine ; à droite, la brigade Murat (9e et 1er dragons) en ligne déployée ; à gauche, la brigade Gramont (7e et 10e cuirassiers) sur deux lignes, à 60 mètres l'une de l'autre. Le divisionnaire a vu les cavaliers prussiens dépasser la crête à l'ouest et descendre les pentes au nord de Rezonville. Ils sont « complètement désunis » par un galop de 3,000 pas ; ils présentent « l'aspect d'une sorte de goum ». La charge arrive ainsi à hauteur de la droite de Forton, prêtant le flanc à 400 ou 500 mètres environ. Le général lance aussitôt la brigade Murat, qui charge droit devant elle. Son choc a pour premier effet de couper les Prussiens en deux tronçons. La tête, poursuivie par les dragons, vient se heurter à la division Valabrègue, qui était à la gauche de Forton[2].

En voyant s'ébranler nos escadrons, Bredow a fait sonner le ralliement, mais il est trop tard. « Essoufflés par cette longue course, leurs rangs éclaircis par les projectiles ennemis, sans aucune réserve », uhlans et cuirassiers n'opposent qu'une faible résistance et tombent en foule sous le sabre de nos cavaliers. La brigade de dragons du 2e corps (7e et 12e régiments) les charge de front ; un peu plus tard, le 5e régiment de chasseurs, qui est au nord-ouest de Rezonville, les aborde de flanc[3]. Ainsi attaquée

---

[1] Rapport du colonel Ganzin, 18 août, *Revue d'Histoire*, I, 1904, p. 398. L'aigle seul reste entre les mains du porte-drapeau ; quant à la hampe, elle est ramassée quelques minutes après par le chasseur Maugin, du 5e chasseurs à cheval (*Ibid.*, p. 183).

[2] Rapport Forton, 24 octobre, *Revue d'Histoire*, I, 1904, p. 670.

[3] Rapport Valabrègue, 20 août ; Historiques des 5e chasseurs, 7e et 12e dra-

de trois côtés, la tête de la charge prussienne est à peu près anéantie. « La queue, composée surtout de cuirassiers », tourbillonne quelques instants et finalement essaie de reprendre au galop sa ligne de retraite, défilant ainsi devant la brigade Gramont, encore immobile dans l'hypothèse vraisemblable d'une nouvelle charge. Le 7e cuirassiers brandit déjà ses sabres. D'un mot, Forton lui donne le signal : « Allons, le 7e ! ». « Aussitôt, un formidable hourrah » se fait entendre ; le 7e cuirassiers, suivi d'un escadron du 10e (le 1er), s'élance comme un ouragan dans le flanc de l'ennemi qui, surpris et très affaibli déjà, se défend mollement, tout en précipitant sa fuite [1]. Malheureusement, nos escadrons ne poussent pas leur poursuite à fond ; mais les débris de la brigade Bredow n'en défilent pas moins sous le feu de notre infanterie, qui s'est ressaisie et les couvre d'une grêle de balles [2]. Leurs pertes sont écrasantes.

Le peu qui reste de la brigade Bredow se rassemble derrière Flavigny. « Chacun de ses deux régiments ne peut d'abord reconstituer qu'un escadron sur les trois qui ont pris part à la charge. Celle-ci a coûté la moitié environ de l'effectif, cavaliers et chevaux [3]. » Sur 800 cavaliers à peine, ces six escadrons perdirent : le 7e cuirassiers, 7 officiers, 189 hommes, 209 chevaux ; le 16e uhlans, 9 officiers, 174 hommes, 200 chevaux [4]. On remarquera que l'armement défensif des cuirassiers ne les empêcha pas de supporter des pertes supérieures à celles des uhlans,

---

gons, *Revue d'Histoire*, IV, 1903, p. 407 et suiv. Les 2e et 4e chasseurs, alors dans l'intervalle des bois Pierrot et Leprince, ne prennent aucune part à l'action. L'Historique du 5e chasseurs confirme la perte momentanée d'une pièce par l'une de nos batteries, sans doute la 5e du 8e régiment (Voir *supra*).

[1] Rapport Forton du 24 octobre ; Historiques des 7e et 10e cuirassiers.

[2] La 9e ligne est alors échelonné par bataillon au nord de Rezonville, la gauche au village. Le 1er bataillon tire sur la charge qui passe à 200 mètres sur sa droite (Historique du corps, *Revue d'Histoire*, I, 1904, p. 377). Le 1er bataillon du 91e et, sans doute, des fractions du 94e paraissent également l'avoir fusillée, ainsi que les compagnies du 9e bataillon de chasseurs en soutien d'artillerie (3e, 4e, 6e).

La 7e batterie du 20e, bien que fort éprouvée, tira encore quelques coups sur les fuyards (Historique des batteries et Rapport du commandant Clerc, 18 août).

[3] *État-Major prussien*, I, p. 588.

[4] L'État-Major prussien porte à 3,100 le nombre des cavaliers français qui intervinrent à la fin de la *Todtenritt*, mais il fait entrer en ligne le 4e chasseurs (400 chevaux) qui ne fut pas engagé.

bien que, selon toute apparence, leurs effectifs fussent à peu près identiques.

Le général von Redern a porté le 11e hussards entre Vionville et Flavigny pour recueillir les escadrons de Bredow ; mais, en l'absence d'une poursuite sérieuse, ce régiment n'a pas à intervenir. La division Forton a déjà repris son emplacement, le dos à la voie romaine. Quant à celle du général de Valabrègue, elle retourne au nord-est de Rezonville. Les autres troupes disposées entre la voie romaine et la route de Mars-la-Tour ont, sans exception, subi un grave ébranlement matériel ou moral. Les douze batteries présentes quittent leurs emplacements ; deux seulement (7e et 12e du 8e régiment) reprennent presque aussitôt le feu, après avoir reculé jusqu'à la voie romaine. Quant aux dix autres, elles se retirent « pour se réapprovisionner », et ne reprennent plus part au combat [1]. Les pertes de la plupart ne justifient point pareille inaction.

Quant à notre infanterie, elle est très fortement ébranlée, elle aussi. Le 75e et les deux tiers du 93e se sont ralliés le long de la voie romaine ; l'autre tiers du 93e et deux bataillons du 70e (1er et 2e), ces derniers laissés intacts par la charge, se maintiennent seuls dans l'intervalle de cette voie et de la route [2].

Ce mémorable fait d'armes comporte de nombreux et sérieux enseignements. Il démontre, en premier lieu, qu'une charge de cavalerie n'est nullement impossible en face d'une infanterie affaiblie, il est vrai, par un combat d'une certaine durée, mais bien armée, de moral à peu près intact, et soutenue de près par

---

[1] *Revue d'Histoire*, I, 1904, 188. Pertes de ces batteries (*Ibid*) :

7e du 8e régiment,	2 hommes,		5 chevaux ;		550 projectiles tirés.	
12e du 8e —	29	—	6	—	550	—
5e du 8e —	21	—	25	—	450	—
5e du 14e —	6	—	3	—	14	(?)
6e du 14e —	24	—	24	—	1100	—
7e du 14e —	16	—	8	—	880	—
7e du 20e —	51	—	69	—	760	—
8e du 20e —					400	
7e du 5e —	2	—	6	—	937	—
3e du 18e —	12	—	25	—	(?)	—
9e du 13e —	14	—	11	—	76	—
10e du 13e —	18	—	12	—	218	—

[2] *Revue d'Histoire*, I, 1904, p. 188. Il y a sans doute lieu d'y ajouter les 3e, 4e, 6e compagnies du 9e chasseurs, bien que l'Historique du bataillon soit muet à cet égard.

une forte proportion d'artillerie (douze batteries sur un front de 1,500 mètres environ).

Nous avons fait remarquer que les pertes des trois escadrons de cuirassiers sont supérieures à celles des trois escadrons de uhlans, dont l'effectif est probablement égal au leur. Une conclusion s'impose, semble-t-il. Nous conservons l'armement défensif des cuirassiers par un respect enfantin des traditions. La cuirasse n'est d'aucune utilité sérieuse ; par contre, elle alourdit l'homme et le cheval de manière à diminuer singulièrement leur mobilité en campagne. Nous sommes à peu près seuls en Europe à conserver la cuirasse. Nos adversaires éventuels la laissent en magasin au départ en campagne. Qu'attendons-nous pour supprimer ce gênant et archaïque accessoire ?

Sans doute, les pertes de la brigade Bredow ont été très considérables, mais les résultats obtenus ne le sont pas moins : deux lignes d'infanterie, une ligne d'artillerie enfoncées, une charge parcourant plus de 3,000 mètres et ne s'arrêtant que devant des troupes fraîches de cavalerie, en nombre très supérieur, voilà pour justifier à jamais la célébrité de la *Todtenritt*. Comment expliquer ce succès, alors que, antérieurement, la brigade Redern et la 6e division de cavalerie n'avaient obtenu aucun résultat sérieux ? C'est que Bredow, conseillé par le colonel von Voigts-Rhetz, use habilement du terrain pour sa marche d'approche et, une fois devant son objectif, charge avec une vigueur et un entrain qui ne sauraient être surpassés. En outre, le moment de l'attaque est bien choisi, après un mouvement de retraite de notre infanterie, et lorsque notre artillerie, fortement atteinte, entame des changements de position tout à fait inopportuns.

Les résultats matériels et moraux sont également considérables. La retraite de dix batteries, le désordre mis dans notre infanterie affaiblissent le centre de la ligne française dans la plus large mesure. Le IIIe corps est dégagé au moment le plus critique. Le maréchal Bazaine et ses lieutenants, Canrobert en particulier, sont nécessairement confirmés dans leur attitude passive, et l'issue de la journée en est à peu près fixée par avance.

Il ne faudrait pas, toutefois, exagérer ces résultats déjà si marqués. Ainsi, d'après l'État-Major prussien[1], la *Todtenritt*

[1] I, p. 589.

arrête le mouvement offensif commencé au 6e corps. Le maréchal Bazaine, craignant une nouvelle attaque contre sa gauche, interviendrait lui-même pour l'interdire à son collègue. Aucun document n'autorise une pareille assertion et tout indique, au contraire, que ni de la part de Canrobert, ni de celle de Bazaine, il n'y a eu, à aucun moment de la journée, une idée arrêtée en vue de l'offensive [1].

On doit ajouter que, soutenue par une réserve, la brigade Bredow aurait obtenu un succès encore plus marqué. Qu'on imagine, par exemple, la brigade Redern ou la 6e division lancée dans ses traces ; n'y aurait-il pas eu les chances les plus sérieuses pour que cette masse de cavalerie enfonçât les divisions Forton et Valabrègue, déjà éprouvées par la surprise du matin ? Le désordre, au centre de notre ligne, eût été inextricable.

Quoi qu'il en soit, le résultat de la charge du 16 août est positif : « Il n'y a plus aucune attaque des Français venant de Rezonville ». Désormais, de l'extrémité ouest du bois de Saint-Marcel à la lisière ouest du bois des Ognons, nous garderons une attitude purement passive. La division Buddenbrock aura ses coudées franches, si épuisée qu'elle soit. Deux de ses bataillons ont mis la charge à profit pour gravir les pentes sud du mamelon 312 et faire face à la voie romaine. Ils peuvent s'y maintenir, même lorsque la gauche de Buddenbrock est refoulée quelques instants après.

En outre, l'arrêt survenu dans l'action a permis de rassembler un régiment d'infanterie, le 64e, fortement éprouvé jusqu'alors, derrière Vionville. Il constitue une réserve qui manquait au IIIe corps. La marche des événements montre à Alvensleben qu'il pourra bientôt en avoir besoin vers le Nord (3 heures environ).

En attendant, la fatigue des troupes est extrême des deux parts, et le combat devient surtout une lutte d'artillerie plus ou moins vivement conduite. Mais du Nord et du Sud surviennent des troupes encore intactes, qui vont rendre à la lutte une nouvelle intensité.

---

[1] *Revue d'Histoire*, I, 1904, p. 189. La déposition du maréchal Bazaine au procès Bazaine indiquerait le contraire, mais elle est contredite par la totalité des documents relatifs au 6e corps.

XI

Le mouvement du 4e corps.

Tandis que, du côté de nos adversaires, le reste du Xe corps, des fractions des VIIIe et IXe accourent au canon, la majeure partie du 4e corps va entrer en ligne à notre droite.

Ce corps d'armée a quitté Woippy le matin à 4 heures, la division Legrand [1] en tête. La division Grenier suit d'abord, sur la route de Briey, cette cavalerie qui, avec ses deux batteries à cheval (5e et 6e du 17e régiment), dépasse Saint-Privat et marche très lentement sur Sainte-Marie-aux-Chênes, après avoir détaché des patrouilles vers l'Orne [2]. Arrivé à Saulny, Grenier suit le chemin vicinal qui conduit à Amanvillers par les bois. Vers 9 heures, la brigade d'infanterie Bellecourt et une batterie dépassent ce village, continuant sur Doncourt par Vernéville et Anoux-la-Grange; deux autres batteries, suivies de la brigade Pradier, continuent sur la route de Briey, par Jérusalem et Sainte-Marie-aux-Chênes.

A la même heure, la réserve d'artillerie du corps d'armée débouche des bois de Fèves ; la division Cissey est à hauteur de Saulny. Quant à la division Lorencez, qui a passé la nuit aux environs de Lessy, elle n'est rassemblée vers le Châlet-Billaudel qu'assez tard dans la matinée. A 2 heures du soir, seulement, elle se met en marche sur Amanvillers, Habonville et Jouaville. Elle n'atteindra le champ de bataille qu'à la nuit.

Vers 11 h. 30, après une marche pénible, la brigade Bellecourt atteint Doncourt. Bien que l'on entende très distinctement le canon et la fusillade, le général prescrit de « dresser les tentes » et de faire le café.

---

[1] 1 brigade de dragons, 1 brigade de hussards.

[2] *Revue d'Histoire,* I, 1904, p. 322, d'après les Notes de M. le contrôleur général Longuet, ancien aide de camp du général Legrand.

Le général de Ladmirault a suivi l'itinéraire de la division Legrand. Il atteignait Sainte-Marie-aux-Chênes quand il entend le canon vers sa gauche (9 h. 15 environ). Il croit d'abord que Lorencez, auquel il a prescrit de se hâter vers Doncourt, est engagé contre des forces supérieures. Il envoie un officier à sa recherche et prescrit à la division Legrand de marcher également sur Doncourt.

Cette cavalerie vient de se déployer au sud de Sainte-Marie-aux-Chênes, à cheval sur le chemin de Saint-Ail, en envoyant « de nouvelles reconnaissances vers les bois » au Nord-Ouest. Dès l'ordre de Ladmirault, elle se remet en marche, la brigade de hussards sur Jouaville, celle de dragons avec l'artillerie sur Anoux-la-Grange et le bois Doseuillons[1]. Les deux batteries sont arrêtées près de ce bois quand Ladmirault leur prescrit de le suivre vers Mars-la-Tour, sous l'escorte du 11e dragons.

Il atteint Doncourt un peu après 11 heures, connaissant déjà la situation dans ses grandes lignes. De la crête à l'est de Bruville, où il se rend ensuite et où est déjà la division de cavalerie Clérembault, du 3e corps, il aperçoit les masses de ce corps d'armée entre la ferme de Caulre et la voie romaine. A l'Ouest, des cavaliers allemands se montrent sur la croupe au nord-ouest du bois de Tronville. C'est le 13e dragons, de la brigade Bredow. Ladmirault fait aussitôt ouvrir le feu par ses deux batteries. Quelques obus suffisent à éloigner ces quatre escadrons.

Le général revient ensuite au-devant de ses têtes de colonne. Malgré la canonnade toujours plus intense et l'ordre antérieur de Ladmirault, le général Legrand a cru devoir arrêter de nouveau sa division. Elle est à hauteur de Vernéville, faisant le café. Au bout d'une demi-heure accourt un officier d'ordonnance. Ladmirault fait dire au général qu'une bataille est engagée et « qu'il ait à porter rapidement sa division sur le lieu du combat ». Avis et injonction qui devraient être inutiles, si Legrand avait quelque initiative.

Les trois régiments restant à la division montent aussitôt à cheval et vont sur Doncourt où ils déposent leurs charges. Cette opération n'est pas finie que survient Ladmirault ; il témoigne

---

[1] **Figurant sous le nom de bois de Maizières sur la carte au 1/80,000e.**

« assez vivement » son mécontentement de la lenteur du mouvement[1]. Puis il prescrit à Legrand de couvrir son flanc droit, en même temps qu'il remet la brigade Bellecourt en marche sur Bruville. Tandis que cette infanterie s'établit au sud de ce village, la division Legrand se porte à l'Ouest sur les pentes qui dominent le Fond de la Cuve[2], de façon à couvrir la droite de Grenier.

Elle reçoit à ce moment un renfort inattendu. Après avoir escorté l'empereur lors de son départ de Gravelotte, la brigade de France (lanciers et dragons de la Garde) s'est arrêtée à Conflans, attendant des ordres. Le général du Barail est resté au même point avec le peu dont il dispose encore de sa division[3] depuis que la brigade Margueritte est partie pour Verdun. Vers 10 heures, il est averti par ses éclaireurs de gauche qu'une forte canonnade retentit vers Mars-la-Tour. Il n'a pas de longues hésitations : « Mon parti fut vite pris : laissé sans ordres et sans instructions, je n'avais qu'une chose à faire : marcher au canon. Je fis faire face en arrière. Mon ancien camarade, le général de France.... me voyant rebrousser chemin, me demanda ce qu'il devait faire.

« — Vous appartenez à la Garde, lui répondis-je ; je n'ai pas d'ordre à vous donner ; mais moi, je marche au canon. Une bataille se livre en ce moment. J'y vais.

« — Eh bien, j'y vais avec vous[4]. »

Après avoir dépassé Frianville et laissé à gauche Droitaumont, le général du Barail passe l'Yron, traverse le bois de la Grange et se forme au Sud par régiment en colonne serrée (1 heure environ). Cette formation est à peine prise qu'un faux renseignement rapporté de l'Est par un officier des dragons de la Garde lui fait craindre d'être menacé sur ses deux flancs et coupé

---

[1] Notes de M. le contrôleur général Longuet reproduites par la *Revue d'Histoire*, I, 1904, p. 325. Le 11e dragons, primitivement avec les deux batteries à cheval, n'a pas encore rallié la division. Il en restera séparé tout le jour.

[2] Avec la *Revue d'Histoire* nous désignons ainsi le ravin parallèle à la route de Jarny à Mars-la-Tour, contrairement aux habitudes reçues.

[3] 2e chasseurs d'Afrique, 5e et 6e batteries du 19e régiment (à cheval).

[4] Général du Barail, *Mes Souvenirs*, III, p. 182. Le Rapport cité du général de France, 17 août, porte au contraire que du Barail le fit prévenir de son départ, en lui demandant de le soutenir.

de Ladmirault. Sans autre vérification, il ramène ses escadrons au nord du bois, en prescrivant aux batteries de chercher « aux abords de Jarny » une position « pour couvrir la retraite[1] ». Après avoir usé d'initiative d'une façon tout à fait opportune, il témoigne d'un défaut de confiance inexplicable chez cet homme plein d'entrain.

La cavalerie prussienne vient en effet d'être renforcée au nord-ouest des bois de Tronville, mais sans qu'il en résulte aucun danger pour celle de du Barail. Au 13e dragons que l'artillerie de Ladmirault avait refoulé quelques instants auparavant, est venue se joindre la brigade Barby envoyée par Rheinbaben. Avec une batterie à cheval (1er de la Garde) elle cherche à déboucher au nord-ouest des bois, mais elle est aussitôt arrêtée par l'une des batteries du 3e corps (4e du 17e, à cheval), dont les premiers coups provoquent parmi ces escadrons « une confusion extrême », puis « une retraite désordonnée[2] ».

Cependant Ladmirault porte la division Grenier en avant, de façon à occuper les bois de Tronville et la croupe qui les prolonge à l'Ouest. La brigade Pradier vient de se former à l'ouest de Bruville, quand le général de Montaigu, qui commande l'une des brigades de la division Legrand, fait savoir que « trois régiments de cavalerie ennemie menacent de tourner la position[3]. » Il s'agit en réalité de cinq escadrons (1er dragons de la Garde et 4e escadron du 2e dragons de la Garde), qui se montrent alors vers Mars-la-Tour.

Le 1er bataillon du 64e est aussitôt porté vers l'Ouest, en soutien de la cavalerie, détail qui en dit long sur la confiance de cette arme en ses propres forces. Les 2e et 3e bataillons prolongent la droite de la brigade Bellecourt, au sud-est de la ferme Grizière; le 98e est en seconde ligne, avec son 1er bataillon dans la ferme que le génie divisionnaire met en état de défense.

Peu après, les 2e et 3e bataillons du 64e franchissent le ravin au sud de la ferme et se déploient sur la croupe opposée, la droite

---

[1] Journal de la division du Barail. Dans ses *Souvenirs* et dans son Rapport du 18 août, le général tait ce mouvement en arrière.

[2] Historique des 1re, 2e, 3e, 4e batteries du 17e, *Revue d'Histoire*, IV, 1903, p. 667.

[3] Rapport du général Pradier, 18 août, *Revue d'Histoire*, I, 1904, p. 709.

au petit bois de la Velterène[1]. En même temps, de la ferme, les batteries de la division Legrand ouvrent le feu sur les escadrons prussiens alors dans la direction de Ville-sur-Yron, à 1,500 ou 2,000 mètres. Ils ne tardent pas à disparaître (2 h. 30 environ)[2].

Sur les entrefaites, le général du Barail a cédé à une nouvelle et meilleure inspiration, en ramenant vers la ferme Grizière le 2e chasseurs d'Afrique, suivi, à grande distance, de la brigade de France et des batteries à cheval : « Mon instinct me disait qu'en ouvrant le feu sur la longue ligne de bataille de l'armée allemande, je pouvais produire un effet moral assez considérable, à condition, toutefois, d'avoir sous la main des troupes en état de l'appuyer.

« A ce moment, j'aperçus... les têtes de colonnes du 4e corps... J'envoie au général un de mes officiers d'ordonnance... pour me mettre à sa disposition avec le seul régiment qui me restât, le général de France ayant repris sa liberté d'action aussitôt que nous avions rejoint le 4e corps.

« — Couvrez ma droite pendant que je vais attaquer Mars-la-Tour, me fit dire le général de Ladmirault... [3]»

Du Barail se porte vers Mars-la-Tour par la rive gauche du ravin. Peu après, la division Legrand traverse également le Fond de la Cuve pour le rallier, tout en détachant un peloton du 7e hussards en reconnaissance vers l'Ouest. Les 5e et 6e batteries du 17e ne suivent pas la cavalerie. Sur l'ordre du général Lafaille,

---

[1] Le bois de la Velterène est celui situé entre Mars-la-Tour et Grizière, immédiatement à l'est du ruisseau du Fond de la Cuve.

[2] Historique des 5e et 6e batteries du 17e. D'après l'État-Major prussien I, p. 603, tandis que le 1er dragons de la Garde tiraille près de la ferme de la Grange contre l'arrière-garde de du Barail embusquée à la lisière du bois au Nord, le 4e escadron du 2e dragons de la Garde et la batterie se portent « sur le plateau de Bruville (?) d'où cette dernière répond un certain temps avec succès au feu d'artillerie dirigée contre la brigade Barby ». A 3 heures, l'attaque enveloppante du 4e corps et la retraite générale de la gauche prussienne obligent le général comte Brundenburg à se retirer sur Mars-la-Tour. Avec ses 5 escadrons et sa batterie, il se forme au sud-ouest de ce village

En réalité l'escadron et la batterie durent se porter, non sur le plateau de Bruville, déjà tenu par la division Grenier, mais sur la croupe au sud du ravin du Poirier du Bois-Dessus.

[3] *Mes Souvenirs*, III, p. 186. Le Rapport du général de France, 17 août, n'indique pas qu'il ait repris sa liberté d'action en arrivant auprès du 4e corps.

commandant l'artillerie du 4e corps, elles rejoignent les autres batteries de la réserve. Il n'est pas besoin d'insister sur l'inopportunité de cette prescription. Isolée à l'extrême droite de l'armée, la division Legrand ne devait pas être privée de l'un de ses moyens d'action. Avant peu, elle aura l'occasion de le regretter.

Cependant le général du Barail a porté un escadron de chasseurs d'Afrique vers Mars-la-Tour. Il n'y a qu'un poste de dragons de la Garde en observation à la sortie nord-ouest[1]. Deux pelotons formés sur un rang à 700 mètres, exécutent contre lui de pied ferme, et à cheval, un feu d'ensemble « parfaitement dirigé », qui le disperse aussitôt. Un autre, jeté en fourrageurs à sa poursuite lui enlève quelques prisonniers[2]. Quant aux dragons et à la batterie de Brandenburg, ils se retirent dans le ravin au sud-ouest de Mars-la-Tour (3 h. environ).

Le peloton du 7e hussards (1er escadron) envoyé vers l'Ouest reconnaît « le terrain se développant au delà des crêtes qui dominent le ravin longeant le chemin de Mars-la-Tour à Jarny ». Au cours de cette mission d'une clarté insuffisante, il rend compte que « l'infanterie ennemie l'occupe en force[3] », détail absolument faux et que rien, pas même l'approche de la 38e brigade d'infanterie venant par Suzemont, ne permet d'expliquer. Aucune de ses fractions n'opère en effet au nord de la route de Mars-la-Tour.

Quant à la brigade Barby, sur la croupe au sud du ravin du Bois-Dessus, dès 2 h. 45 environ, elle s'est vue accablée de feux de tirailleurs, puis de salves tirées de 600 à 800 pas ; une batterie de mitrailleuses la prend également pour objectif. Elle se retire dans la direction de Tronville[4], tandis que la division Grenier et les troupes voisines du 3e corps prononcent, non sans une certaine mollesse, une attaque contre la gauche allemande. Celle-ci cède aisément le terrain, tant elle est inférieure en nombre.

---

[1] L'Historique du 2e chasseurs d'Afrique porte « à l'extrémité ouest » ; le Journal de la division du Barail mentionne « un escadron en bataille à l'ouest du village, sur la route ».

[2] Historique du 2e chasseurs d'Afrique.

[3] Historique du 7e hussards, *Revue d'Histoire*, I, 1904, p. 201.

[4] *Etat-Major prussien*, I, p. 591.

Ladmirault ne s'est pas décidé sans hésitation à prendre l'offensive vers la route de Mars-la-Tour, malgré l'absence de forces sérieuses devant lui et les avantages de sa position. Maître des bois de Tronville, il obligerait nécessairement la gauche prussienne à évacuer Vionville, son principal point d'appui. Ce serait la victoire assurée. D'autre part, la présence autour de Saint-Marcel d'une grande partie du 3e corps, garantirait la retraite du 4e corps en cas d'échec. Mais Ladmirault ne dispose encore que de la division Grenier, de la réserve d'artillerie et de la cavalerie du général Legrand. Il attend impatiemment l'arrivée de la division de Cissey et a déjà envoyé successivement deux officiers pour hâter sa marche. D'autre part, il n'est pas sans inquiétude sur le résultat de son offensive, si prudente qu'elle soit. Il considère comme un grand désavantage l'existence d'un profond ravin derrière la division Grenier et préférerait avoir « ce fossé » devant lui. Un sentiment plus juste des réalités de la guerre moderne lui ferait voir dans ce mouvement de terrain un abri tout indiqué pour ses réserves. Il serait facile de les y faire mouvoir à l'abri des vues et des feux.

Quoi qu'il en soit, son intention première était de tourner et d'enlever « la position » de Tronville. Mais « après l'avoir soigneusement examinée », il se rend compte que cette opération « exigerait des forces considérables » qu'il n'a pas sous la main[1].

D'autre part, il voit apparaître « de fortes colonnes ennemies entre Vionville et Mars-la-Tour. Des batteries qui les accompagnent ouvrent le feu le long de la grande route » (vers 3 h. 45)[2]. A l'ouest de Mars-la-Tour, vers Suzemont et Puxieux, des nuages de poussière annoncent la prochaine entrée en scène de renforts importants[3]. C'est en effet la 19e division, général von Schwartzkoppen, qui atteint le champ de bataille, sans que notre cavalerie, si nombreuse à la droite, ait signalé son approche. Il est vrai

---

[1] Rapport du 17 août.

[2] Rapport détaillé du 3 septembre. Au procès Bazaine, le général a déposé qu'il vient de franchir le ravin lorsque, regardant Tronville il aperçoit « une armée de fantassins qui se disposaient à descendre vers Mars-la-Tour, de sorte que la position de la brigade Bellecourt eût été tout à fait désavantageuse, si elle eût attendu ce mouvement... » (cité par la *Revue d'Histoire*, I, 1904, p. 363).

[3] Lieutenant-colonel ROUSSET, *Le 4e corps de l'armée de Metz*, p. 125.

que les escadrons allemands ne font pas davantage connaître l'arrivée prochaine de la division de Cissey.

Dans ces conditions, Ladmirault croit devoir prescrire la retraite de la brigade Bellecourt, laissant fuir la victoire qu'il effleurait de sa main. Tandis que ces bataillons se reportent au nord du ravin du Bois-Dessus, il fait appuyer ses batteries à l'Ouest, afin d'agir contre l'attaque qu'il prévoit entre les bois de Tronville et Mars-la-Tour, attaque qui va être opérée en effet.

La cavalerie des généraux Legrand et du Barail suit la retraite de l'infanterie. Le 2e chasseurs d'Afrique et la brigade de France se reportent sur les pentes à l'ouest de la ferme Grizière; les trois régiments de la division Legrand se placent, sur l'ordre de Ladmirault, derrière le centre de la division Grenier, vers le Poirier du Bois-Dessus[1].

Le 11e dragons paraît être resté derrière les 5e et 6e batteries du 17e en soutien[2].

Cette disposition est, à tous les points de vue, d'une extrême maladresse. Deux batteries n'ont pas besoin d'un soutien spécial de quatre escadrons, surtout quand elles font partie d'une ligne d'artillerie déjà encadrée et soutenue par de l'infanterie. — La place d'un soutien n'est pas derrière l'artillerie, mais en avant ou sur les flancs, pour des raisons évidentes. — Enfin l'idée d'affaiblir d'un quart la division Legrand, chargée d'une mission indépendante à notre droite, est en soi tout à fait regrettable.

Tandis que le 4e corps esquisse ainsi un semblant d'offensive, puis se prépare, par un mouvement rétrograde, à recevoir l'attaque de l'ennemi, les divers groupes du Xe corps accourent au canon des directions les plus divergentes. La brigade des dragons de la Garde, qui est provisoirement rattachée à ce corps d'armée, est partie à 5 heures du matin de Thiaucourt, suivant l'ordre de Voigts-Rhetz. Dès 8 h. 30 elle est à Saint-Hilaire, n'ayant rien appris nous concernant. A 9 h. 15 le général comte Brandenburg en rend compte en ces termes : « La brigade est à Saint-Hilaire,

---

[1] *Revue d'Histoire*, I, 1904, p. 367, d'après les Notes de M. le contrôleur général Longuet; Journal de la brigade de France, *ibid.*, p. 473.

[2] Historique du corps. Un fait certain est que ce régiment ne prend pas part au combat de Ville-sur-Yron.

l'avant-garde à Marchéville et Labeuville. Des patrouilles vont sur Buzy et Warcq. Jusqu'ici, rien appris de l'ennemi. Aucun rapport reçu de la patrouille latérale de gauche et de celle de droite, envoyée pour nous relier à la division Rheinbaben[1] ». A 10 heures, elle entend à l'Est une canonnade d'intensité croissante, et Brandenburg se décide à marcher au canon. Un peu avant 11 heures sa brigade atteint la route de Mars-la-Tour, mais elle est déjà sensiblement réduite : un escadron (5e du 2e dragons de la Garde) est resté aux avant-postes, à Marchéville, c'est-à-dire face à Verdun. On se demande dans quel but, puisque la brigade lui tourne le dos. Un autre (le 4e) et l'état-major du régiment ont été retenus à Saint-Hilaire par Schwartzkoppen au moment de se mettre en route. Ils ne rallieront la brigade que vers 1 h. 30, après avoir été envoyé en liaison par le général. Nous avons dit comment les quatre escadrons et la batterie restant au comte Brandenburg apparaissaient vers 1 heure auprès de Mars-la-Tour[2], et après quelle série de mouvements ils sont amenés, vers 3 heures, à se replier au sud-ouest de ce village.

Dans l'intervalle la 20e division, puis la 38e brigade ont atteint le champ de bataille et sensiblement amélioré la situation à la gauche du IIIe corps. La retraite volontaire de la division Grenier a modifié les idées du général von Voigts-Rhetz. Au lieu de songer uniquement à défendre la position de Tronville, il entend couvrir le flanc gauche du IIIe corps en occupant la lisière nord des bois au Nord. La ligne d'artillerie à la gauche allemande, dont le maintien vers Vionville sera décisif pour l'issue de la bataille, pourra être ainsi plus efficacement couverte.

Le général est ainsi conduit à diriger le reste des bataillons de la 20e division, dès leur arrivée, dans les bois de Tronville. Quant à Schwartzkoppen, il reçoit ordre d'attaquer notre extrême droite. De Tronville elle paraît garnir la croupe immédiatement à l'ouest des bois, et l'état major du Xe corps ne soupçonne pas l'existence

---

[1] *Einzelschriften*, XXV, p. 5.

[2] Le général von Voigts-Rhetz amène avec lui deux pelotons du 3e escadrons du 2e dragons de la Garde, qui étaient d'abord en pointe de la colonne Schwartzkoppen. En outre son chef d'état-major, Caprivi, avait conduit avec lui un escadron. Le 5e marche avec la 38e brigade.

du profond ravin du Bois-Dessus, qui limite au Sud le front de Grenier en le séparant de cette croupe.

Enfin le général von Rheinbaben est invité à « se porter par Mars-la-Tour dans la direction de Jarny, pour envelopper la droite ennemie[1] ». Cette mission va, presque sûrement, provoquer une rencontre entre la 5e division et la cavalerie des généraux Legrand et du Barail. A première vue, elle paraît convenir à la situation générale des Allemands. Ceux-ci entreprennent un mouvement offensif contre notre droite. Quoi de plus naturel que de le faire prolonger par la division Rheinbaben, qui menacera ainsi la ligne de retraite des troupes attaquées par la 20e division et la 38e brigade?

Quand on va au fond des choses, l'utilité de ce mouvement n'apparaît plus aussi claire. On peut même dire qu'il est tout à fait prématuré. S'il s'agissait de menacer la retraite de troupes battues déjà, de façon à l'accélérer et à la changer en déroute, l'envoi d'une division de cavalerie à l'ouest de nos positions serait très justifié. Mais il n'y a rien de pareil. Le succès ne peut être escompté à l'avance, d'autant que les Allemands n'ignorent pas notre supériorité numérique et la difficulté que le IIIe corps a eue pour nous résister. Avant d'achever une victoire hypothétique, il faut remporter cette victoire et rien n'est encore moins certain. Dans ces conditions, il paraîtrait plus sage de tenir la cavalerie disponible à portée de l'extrême gauche allemande, prête à intervenir selon les circonstances, soit pour rendre le succès plus fructueux, soit pour couvrir la retraite en cas d'échec. En un mot la cavalerie ne pourra jouer convenablement son rôle que si elle combat en liaison efficace avec la gauche du Xe corps, si elle coopère à son action. En dehors de cette coopération, il n'y a à attendre d'elle que de vains échanges de coups de sabre ou d'obus.

Sur les entrefaites, la 3e brigade est venue se rassembler à l'est de Suzemont (3 heures environ). Elle va marcher sur Tronville suivant les premières instructions de Voigts-Rhetz, quand un nouvel ordre de ce dernier parvient à Schwartzkoppen. Le voici, littéralement traduit :

---

[1] *Gefechtsbericht* (Rapport de combat) de la 5e division de cavalerie, *Einzelschriften*, XXV, p. 16.

« Commandement du Xe corps.

« Rapport reçu 3 heures 30. Le général Kraatz près du champ de bataille ; la division de cavalerie groupée à l'aile gauche. Conduire votre attaque sur l'aile droite ennemie, qui presse fortement, afin de dégager les nôtres. Je vous ferai soutenir par la cavalerie réunie.

« Lehmann au combat !

« De la hauteur de Tronville, 3 heures 23 minutes.

« Voigts-Rhetz »[1].

Aussitôt, Schwartzkoppen envoie l'officier d'état-major de sa division, major von Scherff[2], à Mars-la-Tour pour prévenir le comte Brandenburg que la 38e brigade va marcher sur ce village, et l'inviter à couvrir et à soutenir son attaque.

Scherff rencontre Brandenburg à 1 kilomètre au sud-ouest de Mars-la-Tour. Aussitôt, un escadron (4e du 2e dragons de la Garde) et la batterie à cheval se portent en avant le long de la route de Jarny. Le 1er dragons de la Garde suit en échelon de gauche, dans la direction de Ville-sur-Yron. Mais ce mouvement est à peine en cours d'exécution que survient, fort mal à propos, un ordre de Voigts-Rhetz ; il rappelle la brigade à l'est de Mars-la-Tour afin de soutenir une fraction de son artillerie de corps. Elle serait plus efficacement protégée par l'offensive de Wedell ou, au besoin, par une fraction de la 5e division de cavalerie qui en est plus rapprochée.

Le 1er dragons de la Garde fait donc demi-tour, contourne Mars-la-Tour par le Sud, en croisant la brigade Barby qui marche en sens opposé, et va se former au Sud-Est.

L'escadron et la batterie aventurés le long de la route de Jarny continuent seuls dans cette direction. Nous verrons plus loin les suites de cet incident.

Quant aux fractions disponibles de la division Rheinbaben, elles sont groupées entre Tronville et Puxieux, quand, vers

---

[1] Comme l'indiquent les *Einzelschriften*, XXV, p. 569, la mention 3 h. 30 est évidemment erronée; il faut lire 3 h. 15.

[2] Plus tard général von Scherff et auteur de nombreux ouvrages dont la clarté n'est pas la qualité dominante.

4 h. 30, elles se mettent en mouvement sur Mars-la-Tour, suivant l'ordre du général von Voigts-Rhetz qui prescrit « d'envelopper la droite de l'ennemi ». Il a été donné plus d'une heure avant, mais sa transmission et son exécution ont subi des retards peu explicables.

Pendant que les escadrons de Rheinbaben s'acheminent successivement vers le Nord-Ouest, la 38e brigade exécute son attaque brusquée contre la brigade Bellecourt. Elle a déjà beaucoup souffert quand survient la division de Cissey, absolument intacte. Celle-ci donne le coup de grâce aux bataillons prussiens qui se désagrègent aussitôt avec des pertes écrasantes. « Un seul escadron qui les chargerait, a dit Fritz Hœnig, et leur déroute serait irrémédiable[1]. » Malheureusement, les trois divisions de cavalerie, naguère à portée de la division Grenier, n'y sont plus ; elles ont été successivement attirées à l'ouest du Fond de la Cuve par l'apparition de la cavalerie prussienne. De là un inutile tournoi que nous raconterons tout à l'heure. Il y aurait mieux à faire au sud du ravin du Bois-Dessus.

Pendant l'écrasement de la 38e brigade, Voigts-Rhetz, Schwartzkoppen et l'état-major de la 19e division sont restés sur la route entre Vionville et Mars-la-Tour. « Un peu avant 5 h. 30, on y remarque, entre le saillant nord-ouest des bois et le Peuplier[2], d'abord des isolés, puis des groupes entiers revenant sur leurs pas. Un instant, on peut croire qu'il s'agit de blessés jusqu'à ce que, enfin, il devienne évident que la droite au moins de la brigade a été repoussée. » « Maintenant, la cavalerie doit attaquer coûte que coûte », s'écrie Voigts-Rhetz, et il envoie deux officiers, l'un au comte Brandenburg, l'autre à Rheinbaben, avec les ordres voulus. Il charge en même temps Schwartzkoppen de rassembler la 38e brigade à Tronville et s'y rend lui-même[3].

Voigts-Rhetz a fait porter au 1er dragons de la Garde l'ordre de charger à fond. Se rendant pleinement compte que son attaque a peu de chances de succès et que le régiment doit se sacrifier pour le salut de l'infanterie, le colonel von Auerswald se met en

---

[1] *Darstellung der Strategie*, p. 134, d'après le *Tagebuch* du général von Caprivi.

[2] Arbre isolé au nord du ravin du Bois-Dessus vers la cote 257.

[3] *Einzelschriften*, XXV, p. 54.

mouvement. Ce n'est pas, chose singulière, sans avoir tiré au sort l'escadron auquel il confie les deux étendards de la brigade[1].

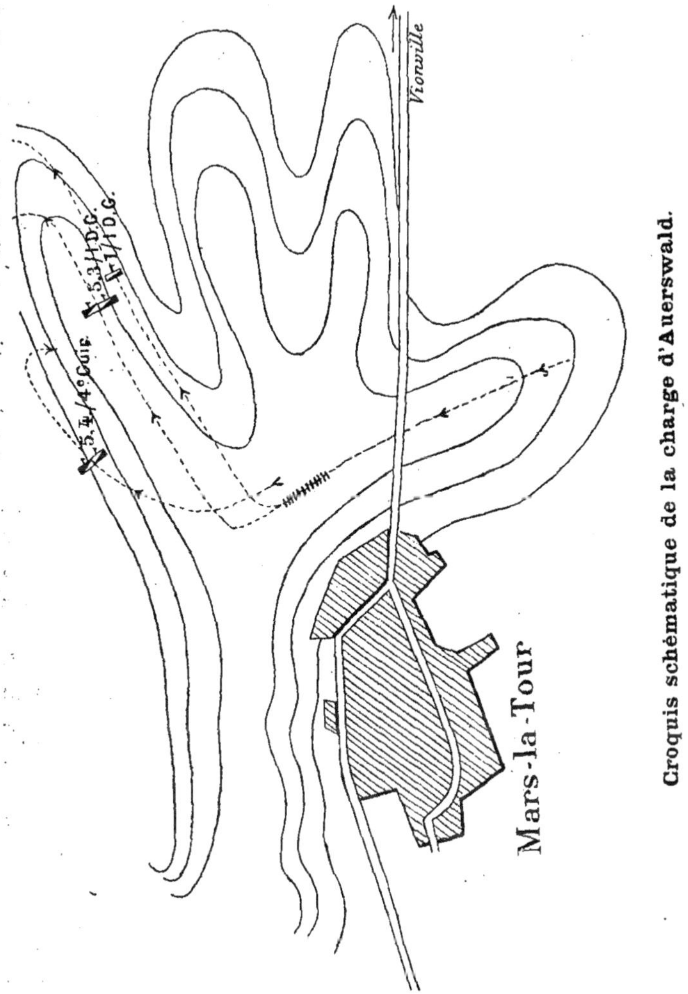

Croquis schématique de la charge d'Auerswald.

C'est le 4e, capitaine prince de Hohenzollern, auquel revient cette

[1] Ce tirage au sort, mentionné par Hœnig et par d'autres, est passé sous silence par les *Einzelschriften*.

peu glorieuse mission. Les trois autres, formés en colonne de pelotons, traversent la route et les prairies à l'est de Mars-la-Tour pour marcher vers le Nord. Des haies et des clôtures en fil de fer ralentissent leur mouvement et les forçent de rompre en colonnes par trois. Le 5e escadron est en tête, suivi du 3e et du 1er. Dès qu'ils ont dépassé les prairies, Auerswald les reforme en colonnes par peloton et les dirige de telle sorte qu'une conversion suffit ensuite pour mettre le régiment sur le flanc droit de notre infanterie, disposition dont l'avantage n'a nul besoin d'être souligné.

Les deux escadrons de tête, le 5e à gauche, prennent le galop allongé pour remonter le pli de terrain qui aboutit au Peuplier. Celui de queue, le 1er, suit en échelon extérieur de droite, le long du chemin de Mars-la-Tour à Saint-Marcel, après avoir perdu nécessairement sa distance dans les mouvements préliminaires.

Des balles perdues atteignent déjà les 3e et 5e escadrons, sans que notre infanterie ait remarqué leur approche, en partie masquée par la forme du terrain. Mais quand les dragons surgissent à courte distance de la poussière et de la fumée, le désordre est extrême. « Les tirailleurs les plus avancés se jettent à terre ou refluent sur les fractions en arrière. D'autres se rallient et cherchent à exécuter des feux de salve. Les derniers groupes tirent sur les premiers[1] (un peu après 5 h. 45). »

Le premier choc atteint la 3e compagnie du 5e bataillon de chasseurs et la fraction du 13e de ligne qui tient notre droite. Surprises par cette brusque attaque, ces troupes sont entamées; quelques hommes sont culbutés par les chevaux[2]. Néanmoins,

---

[1] *Einzelschriften*, XXV, p. 57. Suivant Hoenig, *Untersuchungen über die Taktik der Zukunft*, le désordre fut complet; nos deux lignes de tirailleurs refluèrent sur elles-mêmes, quelques hommes jetant leurs fusils, d'autres se couchant en essayant de se rallier par petits groupes. Ceux-ci faisaient feu dans toutes les directions, sauf la bonne. Les bataillons en ligne déployée tiraient droit devant eux, sans se soucier des tirailleurs.

Les auteurs français sont moins affirmatifs. Néanmoins, le lieutenant-colonel Patry, *La guerre telle qu'elle est*, p. 86, mentionne un certain désordre; de même pour le Journal de la division de Cissey. L'Historique du 1er de ligne porte que la brigade Brayer est « un peu désorganisée par le passage du ravin »; celui de la 5e batterie du 15e régiment s'exprime à peu près de même.

[2] Lieutenant-colonel Rousset, *op. cit.*, p. 153. La version de la *Revue d'Histoire* est en opposition avec celle des *Einzelschriften*, XXV, p. 58, qui cadre mieux avec le récit de M. Rousset.

les pertes des dragons sont déjà considérables ; le colonel von Auerswald a été mortellement blessé avant d'atteindre notre ligne ; les deux commandants d'escadron et le major von Kleist tombent au milieu de notre infanterie.

Pourtant, l'élan des cavaliers prussiens n'est pas encore rompu ; se jetant vers la gauche, ils atteignent une fraction du 57e, en train de se rassembler sur les premières pentes du ravin. Puis ils font demi-tour pour essayer de regagner Mars-la-Tour.

Quant au 1er escadron, il charge le 1er de ligne, mêlé à des fractions du 20e bataillon de chasseurs. On prend d'abord ces cavaliers pour des Français et on les laisse approcher « jusqu'à 50 mètres ». Le colonel ordonne alors un feu qui est meurtrier. « L'escadron presque entier fut abattu et les quelques cavaliers qui purent pénétrer dans nos rangs y furent tués [1]. » Le capitaine prussien tombe mort sur les baïonnettes françaises. Obliquant à gauche, les dragons se heurtent au 73e qui s'est groupé autour de son aigle et leur inflige les pertes les plus graves. En refluant vers Mars-la-Tour, à la suite des deux autres, les débris du 1er escadron défilent encore sous le feu d'une partie des troupes restées au nord du ravin : « Ces malheureux cavaliers, essoufflés et éperdus, avaient fini par faire pitié aux soldats qui ne voulaient plus les viser et leur faisaient signe de s'arrêter ; ils ne tiraient plus que sur ceux qui n'obéissaient pas à leur injonction, emballés par leurs chevaux [2]. Enfin, en nombre très réduit et en complet désordre, ils viennent se rallier au sud-ouest de Mars-la-Tour où le prince de Hohenzollern les attendait avec son escadron. Ils ont perdu 16 officiers, 122 hommes et 246 chevaux sur un effectif de 20 officiers, 406 hommes et 426 chevaux [3].

En traversant les prés au nord-est de Mars-la-Tour, le 1er dra-

---

[1] Rapport du général de Cissey, 23 août. De nouveau nos documents et le récit de la *Revue d'Histoire*, I, 1904, p. 618, sont en opposition avec les *Einzelschriften*, XXV, p. 58. D'après ces dernières, le 1er escadron traverse des tirailleurs du 20e bataillon de chasseurs et du 1er de ligne, puis se jette sur le 73e, « qui se pelotonne autour de son aigle et inflige en très peu de temps de lourdes pertes à l'escadron ».

[2] Colonel de Courson de La Villeneuve, *La brigade Bellecourt*, p. 76.

[3] Détail des pertes : *état-major*, 2 officiers tués, 1 blessé ; 2 hommes tués, 1 blessé ; 1er *escadron*, 3 officiers tués, 2 blessés, 1 pris ; 34 hommes tués, 24 blessés, 1 pris ; 3e *escadron*, 2 officiers tués, 1 blessé, 2 pris ; 8 hommes tués, 12 blessés, 2 pris ; 5e *escadron*, 2 officiers tués, 3 blessés ; 16 hommes

gons de la Garde a dépassé les 4e et 5e escadrons du 4e cuirassiers qui servaient de soutien à l'artillerie du Xe corps. Ils ne veulent pas lui laisser le monopole du sacrifice et, sans ordres, pris d'une noble émulation, le suivent, puis se déploient derrière sa gauche. Ils dépassent ainsi la crête qui masque les dragons sur leur flanc gauche, du côté du ravin ; aussitôt ils reçoivent de front et de flanc un feu tel que leur chef juge inutile de pousser plus avant. Ils font demi-tour et reviennent à la route après avoir maladroitement perdu, sans aucun profit, 3 officiers, 30 hommes et 30 chevaux. Si comme l'écrivent justement les *Einzelschriften*, ils avaient simplement suivi en échelon la charge des dragons, le résultat eût été tout autre[1].

On a vu par les chiffres qui précèdent que les pertes du 1er dragons de la Garde ont été très lourdes. Mais leur sacrifice n'a pas été inutile, bien loin de là. Il impose un temps d'arrêt, qui devient bientôt définitif, à l'offensive de la division de Cissey. Il sauve les débris de la 38e brigade et permet la retraite d'une batterie du Xe corps très compromise au nord de la route. Surtout il fait voir clairement que nous ne sommes pas encore les maîtres du champ de bataille. Par là son effet moral est indéniable.

Il faut dire que le colonel von Auerswald a su habilement tirer parti du terrain pour sa marche d'approche ; il est parvenu à nous charger de flanc, alors que l'assaut contre la 38e brigade et la traversée du ravin nous avaient mis en désordre. La charge a donc été tout à fait opportune, et son exécution habile et énergique à souhait. Si, au lieu de ces trois escadrons, Voigts-Rhetz avait lancé contre nous l'une des deux divisions de cavalerie présentes sur le champ de bataille, le résultat eût été encore plus marqué.

---

tués, 22 blessés ; 4e *escadron*, 2 hommes tués, 1 blessé (*Einzelschriften*, XXV, p. 58).

Les deux fils de M. de Bismarck, Herbert et Wilhelm, figuraient dans cette charge et furent blessés. Voir à ce sujet le Journal de guerre du prince Herbert, extrait reproduit dans la biographie du comte Wilhelm (1901) et les lettres de Bismarck à sa femme (*Le Matin* du 25 avril 1903, lettre du 17 août).

[1] *Einzelschriften*, XXV, p. 59. Les cuirassiers paraissent avoir été fusillés par la fraction du 2e bataillon du 13e de ligne restée au nord du ravin.

Il faudrait pourtant se garder d'exagérer les conséquences du sacrifice d'Auerswald et de ses braves compagnons. Ce n'est pas leur vaillante attaque qui arrête l'offensive du 4e corps, comme on l'a prétendu parfois. Même sans la division Lorencez, Ladmirault dispose de moyens suffisants pour occuper Mars-la-Tour, reprendre les bois de Tronville et Vionville. Mais il est alors hypnotisé par le grand tournoi qui vient de se dérouler à l'est de Ville-sur-Yron. Il croit à la présence de réserves considérables derrière la gauche allemande[1] et n'arrête, à aucun moment, la pensée d'une vigoureuse offensive. Ce n'est ni à la charge des dragons d'Auerswald, ni à l'attaque si énergique de la 38e brigade qu'il convient d'imputer la fatale inaction du 4e corps jusqu'à la nuit. Des documents irréfutables prouvent que si Ladmirault a un instant l'intention d'attaquer « vers Mars-la-Tour-Vionville », il y renonce bientôt, avant même la contre-attaque prussienne. Il considère en effet ce mouvement offensif comme devant exiger « des forces considérables d'infanterie », dont il ne dispose pas en l'absence de la division Lorencez. Il est tard et le général croit qu'une « attaque profonde » ne lui donnerait aucun résultat, faute de cette réserve. Dès lors il limite son offensive et utilise les nombreux escadrons qu'il a sous la main pour « chercher à culbuter » la cavalerie prussienne. Elle vise à le tourner par Mars-la-Tour, croit-il non sans raison, « soutenue par une troupe d'infanterie et par de l'artillerie »[2]. « Cette troupe d'infanterie » n'existe qu'en imagination ; de même pour l'artillerie.

C'est ainsi que Ladmirault se laisse hypnotiser par l'apparition sur sa droite des escadrons de Rheinbaben. Il se rend vers la ferme Grizière et n'est pour rien dans la contre-attaque si vivement conduite par Cissey en son absence. Après l'inutile tournoi de Ville-sur-Yron, que nous allons bientôt raconter, il regagne

---

[1] Témoignages du capitaine von Lières et des lieutenants von Hövel et Simmersbach, interrogés par des officiers d'état-major français, *Einzelschriften*, XXV, p. 85. Quant à nos troupes, elles se demandent pourquoi l'on ne marche pas en avant ; elles sentent qu'il n'y a personne devant elles (Lieutenant-colonel PATRY, *La guerre telle qu'elle est*, p. 86).

[2] Rapport sommaire du 17 août, *Revue d'Histoire*, IV, 1903, p. 674. Voir aussi le rapport détaillé du 3 septembre, *ibid.*, p. 676.

le centre de sa ligne « rayonnant de satisfaction[1] ». Il vient d'apprendre le succès de sa 1re division, mais, à aucun moment, il n'a la pensée d'en profiter afin de pousser de l'avant. L'idée que nous gardons « nos positions »[2] lui suffit. Bien qu'il ait à sa disposition plusieurs bataillons intacts, que la plupart de ceux engagés jusqu'alors aient peu souffert, ainsi que notre artillerie, il s'en tient à ce succès relatif[3]. Au lieu de l'ordre de marcher en avant qu'elles attendaient, nos troupes reçoivent celui de repasser le ravin, abandonnant ainsi le peu de terrain qu'elles avaient conquis au prix de tant de sang. Voilà à quels non-sens conduisent nos théories sur l'avantage de la défensive.

---

[1] Souvenirs inédits du capitaine de La Tour-du-Pin, cités par le lieutenant-colonel Rousset.

[2] Rapport sommaire cité.

[3] D'après une lettre du colonel de Chabot, alors sous-lieutenant du 2e chasseurs d'Afrique, il fut envoyé par du Barail à Ladmirault qui annonça l'intention de continuer « son mouvement en avant sans interruption ». Mais aucun fait ne confirme cette intention, bien au contraire.

XII

Tournoi de Ville-sur-Yron.

Nous avons dit qu'au moment où le général von Voigts-Rhetz donne à la 38e brigade son ordre d'attaque (3 heures 23), il annonce l'intention de la faire soutenir par toute la cavalerie de la gauche allemande. Pour l'instant, le 4e escadron du 2e dragons et la 1re batterie à cheval de la Garde seulement se portent vers le Nord par la route de Mars-la-Tour à Jarny, sous le commandement du colonel von Finckenstein. Vers 4 h. 30, la batterie prend position sur la croupe 250 au nord-ouest de Mars-la-Tour et ouvre le feu contre des masses de cavalerie qui s'étalent complaisamment sur les pentes au nord de la ferme de Grizières.

C'est le gros de la division Legrand. Les 1er et 7e hussards, le 3e dragons se sont établis sur deux lignes « à hauteur de la ferme ». Le 11e dragons est encore derrière le centre du 4e corps [1].

Le troisième obus de la batterie prussienne atteint le 7e hussards et il en est de même pour les suivants jusqu'à ce que le général Legrand se décide à changer d'emplacement. Sur les entrefaites les deux batteries de droite de la division de Cissey (5e et 9e du 15e régiment) ont répondu à ce feu, sans infliger aucune perte à la batterie ennemie. Par contre l'escadron de soutien, sans doute mal placé, a perdu 11 chevaux [2].

La division Legrand s'est abritée dans un pli de terrain au nord de la ferme Grizières. Mais la batterie Planitz galope le long de la route de Jarny jusqu'à hauteur de Ville-sur-Yron. Là elle prend de nouveau nos escadrons pour objectif (vers 4 h. 45). Heureusement une compagnie du 64e, sortie de la ferme, la couvre

---

[1] Historique du 7e hussards, *Revue d'Histoire*, I, 1904, p. 201.
[2] *Einzelschriften*, XXV, p. 28-29.

de feu exécutés avec « une grande précision » et, « dans le temps le plus court », lui inflige une perte de 3 hommes et de 7 chevaux. Enfin les deux batteries de la division du Barail (5e et 6e du 19e régiment) tirent de six à huit obus par pièce contre elle, puis sur la cavalerie qui débouche de Mars-la-Tour. Au moment où leur tir est à peu près réglé, elles reçoivent l'ordre de se porter en arrière, afin de dégager le terrain pour la cavalerie. Elles assisteront donc en simples spectatrices au grand engagement qui va suivre[1], et il est permis de le regretter. Avec tout son entrain, malgré le « sens cavalier » qu'il possède et qui revit dans ses captivants *Souvenirs*, le général du Barail ne sait pas faire usage de ses batteries à cheval.

A ce moment Ladmirault, auquel on a signalé des mouvements de cavalerie vers Mars-la-Tour, s'est rendu près de la ferme Grizières. Il assiste à l'ouverture du feu de la batterie Planitz et s'empresse d'en conclure que nous allons « être tournés ». Évidemment, avec nos habitudes d'alors, il ne peut s'imaginer que cette batterie soit seule avec un escadron. Il voit notre cavalerie manifester constamment une extrême timidité, s'écarter difficilement des baïonnettes de notre infanterie. Il est donc conduit à croire que des forces considérables se dissimulent à portée de cette batterie, peut-être derrière la crête qui se prolonge vers le nord-ouest de Mars-la-Tour. Leur objectif ne peut être que de déborder sa droite.

Il prescrit donc au capitaine de La Tour du Pin de « ramasser » tout ce qu'il trouvera « de cavalerie sur ses derrières » et de « l'amener pour dégager sa droite[2] ».

C'est au général du Barail que s'adresse en premier lieu La Tour du Pin. Aussitôt le 2e chasseurs d'Afrique rompt en colonne de pelotons, traverse le Fond de la Cuve et se forme sans arrêt « en colonne d'escadrons face au sud et à l'ouest de la route » de Jarny. « Aux canons ! », s'écrie le colonel de La Martinière, et le régiment, toujours en colonne, part « à toute allure, les hommes

---

[1] Historique des batteries, *Revue d'Histoire*, I, 1904, p. 661. On se demande pourquoi ces batteries ne vont pas prendre position vers la ferme Grizières, sur les pentes dominant le terrain du combat qui va suivre.

[2] Carnet du capitaine de La Tour du Pin à la date du 11 février 1871; extrait reproduit par O. Leroy, *Mars-la-Tour*, 16-18 août 1870, p. 32.

criant comme des Arabes[1] ». L'attaque est si vive que la batterie prussienne peut tirer deux coups seulement. Elle est traversée[2], mais un nouvel adversaire surgit devant nos chasseurs d'Afrique. Très habilement, l'escadron de soutien charge à son tour dans leur flanc droit. Ils cherchent à lui faire face en ébauchant une conversion, et la confusion se met dans leurs trois premiers escadrons. Néanmoins les dragons de la Garde sont ramenés en désordre, mais la batterie est sauvée ; elle atteint à peu près intacte Mars-la-Tour[3].

Il faut convenir que, dans leur charge, nos chasseurs d'Afrique ont fait montre de plus de fougue et de bravoure que d'habileté. En premier lieu, leur formation en colonne ne se justifie guère pour une attaque contre l'artillerie ; elle est faite pour accroître les pertes, bien qu'en réalité la batterie Planitz semble n'avoir causé aucun mal à nos cavaliers par son tir. Cet inconvénient est d'autant plus grave que les escadrons sont en colonne à demi-distance, c'est-à-dire forment une masse beaucoup trop dense, où les projectiles feraient de grands ravages. Enfin, la colonne à demi-distance n'est point manœuvrière, ce qui exclut la possibilité de parer à une attaque imprévue, du genre de celle des dragons de la Garde.

Il semble donc qu'il aurait été préférable de jeter un ou deux escadrons déployés sur la batterie et de tenir les autres en réserve, prêts à se jeter sur le soutien. Formés en ligne de colonnes de pelotons derrière la droite des premiers, ils posséderaient une mobilité assez grande pour faire rapidement face à tout nouvel adversaire.

---

[1] Les escadrons sont à demi-distance, ce qui ne se comprend guère. Le désordre en est nécessairement accru. Aucun n'est en fourrageurs (Lettre du colonel de Chabot, extrait reproduit par la *Revue d'Histoire*, I, 1904, p. 624) ; voir aussi l'historique du 2e chasseurs d'Afrique, *Ibid.*, p. 659 ; le général du Barail, *Mes Souvenirs*, III, p. 180, le carnet du capitaine de La Tour du Pin, *loc. cit.*

[2] Il paraît résulter du texte des *Einzelschriften*, XXV, p. 28-29, que nos cavaliers ne lui infligèrent aucune perte. Le chiffre *total* des hommes et des chevaux hors de combat est le même que celui des pertes causées par la compagnie du 64e, 3 hommes, 7 chevaux (*État-Major prussien*, Annexes, I, p. 173).

[3] *Einzelschriften*, XXV, p. 29 ; historique du 2e chasseurs d'Afrique, *loc. cit.* Il est tout à fait inexact que cette batterie ait été mise hors de combat, comme on l'a souvent écrit chez nous. Voir notamment le Journal de la division du Barail, *Revue d'Histoire*, I, 1904, p. 653.

Quoi qu'il en soit, un nouveau groupe de cavalerie allemande entre alors en scène. C'est vers 3 h. 30 que Voigts-Rhetz a prescrit au général von Rheinbaben « de se porter par Mars-la-Tour dans la direction de Jarny, pour envelopper la droite française[1] ». Par suite de retards difficiles à justifier, une heure après, seulement, les fractions de la 5e division réunies entre Tronville et Puxieux se mettent en mouvement sur Mars-la-Tour. Le 13e dragons, qui précède sensiblement les autres régiments, contourne un peu avant 5 heures le saillant sud-ouest de ce village, quand le colonel du 2e dragons de la Garde, von Finckenstein, vient lui demander de soutenir l'escadron engagé contre le 2e chasseurs d'Afrique.

De la croupe à l'ouest de Mars-la-Tour, on voit la batterie prussienne revenir aux grandes allures le long de la chaussée et, à quelques centaines de pas en arrière, dans un nuage de poussière, les dragons fuyant en désordre, mêlés à nos cavaliers. Le 13e dragons se déploie rapidement et se jette sur eux. Cette fois leur élan est définitivement rompu. Après une courte mêlée, ils refluent vers le Nord. L'un de leurs escadrons, que le général de Lajaille avait prudemment gardé en réserve, se déploie en tirailleurs et son feu arrête, dit-on, la poursuite du 13e dragons[2]. Il faudrait en conclure que ladite poursuite n'est pas bien vive, car le tir de cet escadron, resté à cheval, doit certainement manquer d'efficacité. Le vrai motif de l'arrêt des cavaliers prussiens paraît plutôt être l'apparition de nouveaux escadrons français : les trois régiments du général Legrand. Le 13e dragons se rallie à la gauche de l'escadron de la Garde, au sud-est de Ville-sur Yron[3], tandis que nos chasseurs d'Afrique se reforment à hauteur de ce village et à proximité de la route[4].

---

1 Rapport de combat de la 5e division de cavalerie, extrait reproduit par les *Einzelschriften*, XXV, p. 16.

2 Historique du 2e chasseurs d'Afrique; Journal de la brigade Lajaille, *Revue d'Histoire*, I, 1904, p. 658 et suiv. Les pertes de ce régiment sont de 2 officiers et 79 hommes (Journal de la brigade), et celles du 13e dragons de 7 officiers, 86 hommes et 65 chevaux (*Etat-Major prussien*, Annexes, I, p. 175).

3 « A quelques centaines de pas à l'ouest de la route de Jarny » (*Einzelschriften*, XXV, p. 30).

4 *Revue d'Histoire*, I, 1904, p. 626. Le général du Barail, III, p. 187, écrit « à l'angle du bois (de Greyère ?) et de la route ».

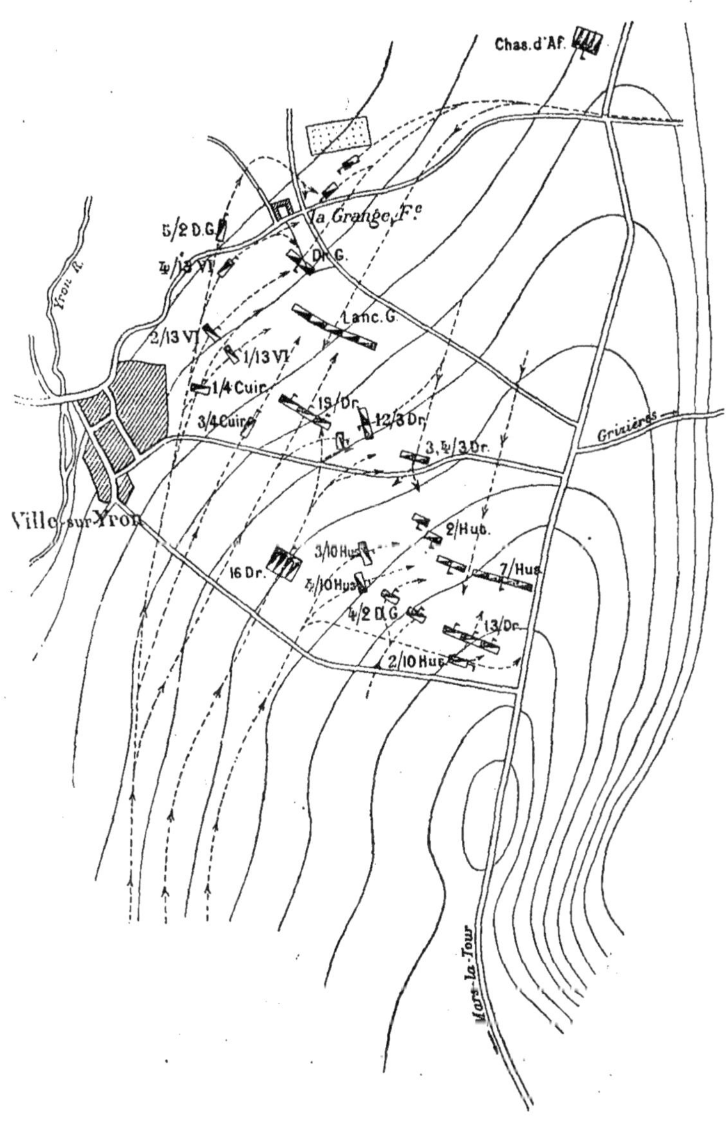

Croquis schématique du combat de Ville-sur-Yron.

Dans l'intervalle, La Tour du Pin a successivement transmis aux généraux de France et Legrand l'ordre de Ladmirault. Tous deux font aussitôt rompre à droite pour franchir le Fond de la Cuve. Les trois régiments de Legrand traversent en colonnes de pelotons ce ravin, puis la route de Jarny, et atteignent le plateau de Ville-sur-Yron[1]. La brigade Montaigu (2e et 7e hussards) est en tête. Elle se forme en bataille par un à-gauche ; le 3e dragons est en deuxième ligne, débordant sa droite. Devant elle on aperçoit, à grande distance, les chasseurs d'Afrique tiraillant contre un ennemi encore invisible[2].

Quant à la brigade de France, elle a rompu en colonne par quatre pour traverser le ruisseau du Fond de la Cuve au pont du chemin de Bruville à Ville-sur-Yron[3]. Les lanciers de la Garde sont en tête. Ils se reforment sur la gauche en bataille, face au Sud, avant d'atteindre la ferme de la Grange. Les dragons de l'impératrice, qui suivent à grande distance, opèrent le même mouvement, à peu près à la même place[4].

Ces mouvements préparatoires, opérés avec la précision compassée, alors coutumière à notre cavalerie, durent un temps relativement très long. Le général du Barail s'en impatiente et fait remarquer au général de Montaigu que le moment serait favorable pour « arriver à la rescousse » des chasseurs d'Afrique. La chose va de soi, mais Montaigu n'en répond pas moins qu'il doit « attendre les ordres de son général de division[5] ». Celui-ci s'est sans doute attardé au passage du ravin. Il arrive enfin.

Pendant ce temps, on a vu se former des lignes de cavalerie

---

[1] Carnet La Tour du Pin, *loc. cit.* Ces escadrons paraissent avoir suivi une dépression au nord de la ferme Grizières, entre elle et un bois à l'ouest du ruisseau.

[2] *Revue d'Histoire*, I, 1904, p. 624, d'après les Notes de M. le contrôleur général Longuet.

[3] *Revue d'Histoire*. D'après M. de Baillehache, *Souvenirs d'un lancier de la Garde impériale*, p. 184, les lanciers de la Garde descendent dans un « énorme ravin presque à pic », sautent « un fossé fangeux » et remontent le versant opposé pour se former sur la hauteur, dans un grand désordre.

[4] Journal de la brigade de France, *Revue d'Histoire*, I, 1904, p. 474 ; général Bonie, p. 75.

[5] En attendant ces ordres, Montaigu va reconnaître l'ennemi, en se portant au delà des chasseurs d'Afrique, qui sont venus se rallier en avant de sa brigade. Quand l'ordre de charger est donné, il leur fait dégager le terrain (Rapport du général de Montaigu. 1er mai 1872).

allemande « dans un ordre parfait ». Ce serait le cas, ou jamais, de les faire canonner par les batteries de du Barail, mais celui-ci les a écartées comme des *impedimenta*. D'ailleurs le moment d'une nouvelle charge est déjà passé. « Il y a vingt minutes, dit du Barail à Legrand, je conseillais au général de Montaigu de charger, afin de profiter du désordre qu'avaient jeté au milieu des Allemands mes chasseurs d'Afrique. Maintenant il est trop tard... le moment est passé. — Ça m'est égal, dit le général Legrand. On m'a commandé de charger, je charge [1]. — Dans ce cas, je vais vous soutenir avec la brigade de la Garde. »

« Je cours au général de France : — Chargez, lui dis-je.

« — Mais nous sommes de la Garde. Nous ne sommes pas sous vos ordres.

« — Oh ! il n'y a plus de Garde ici. Faites croiser les lances et chargez ! Je vous en donne l'ordre formel [2]. »

On voit quelles sont les traditions routinières de notre cavalerie, à quel point elle manque d'entrain et d'initiative dans ses échelons les plus élevés. Les généraux de cavalerie allemands n'en ont pas davantage, témoin Rheinbaben et le duc de Mecklembourg, mais leurs escadrons sont plus manœuvriers et leurs officiers subalternes montrent beaucoup plus de *perçant* que les nôtres.

Le capitaine de La Tour du Pin, qui accompagnait le général de France, a pu lui montrer une ligne de cavalerie ennemie « à petite portée de fusil [3] ». Il revient assurer Legrand du concours de cette brigade, au moment même où un autre aide de camp de Ladmirault, le lieutenant Niel, apportait au général l'ordre de ne pas différer davantage. Le colonel Carrelet, du 2e hussards, demande à entamer l'action avec la carabine contre l'ennemi qu'on aperçoit « à quelques 800 mètres, arrêté sur la crête ». — « Du tout ! Au sabre ! », répond Legrand, et, sur son ordre, le général de Montaigu « enlève sa brigade, qui est bientôt au

---

[1] C'est presque textuellement la réponse de Bredow à Buddenbrock avant la *Todtenritt*.

[2] Général du Barail, III, p. 187.

[3] Carnet cité ; « à 500 ou 600 mètres de nous » (Journal de la brigade de France).

galop[1] ». L'allure est, dès le début, trop rapide pour la distance à parcourir, sur une pente ascendante[2].

Pendant ces énervants préliminaires, la cavalerie allemande a continué son mouvement vers le Nord et entamé son déploiement. « Des haies, des fossés et le sol défoncé des prairies au sud-ouest de Mars-la-Tour » ralentissent sensiblement la marche de la brigade Barby, malgré les grandes distances entre ses régiments[3]. En outre la rencontre des fuyards de Schwartzkoppen contribue sans doute à la retarder. Vers 5 h. 45, le 19e dragons est massé au sud de Ville-sur-Yron ; le 13e uhlans et 4e cuirassiers se portent ensuite à sa gauche. Les 10e hussards et 16e dragons arrivent de Puxieux en arrière de sa droite[4].

L'intention de Barby est d'attaquer de front avec le 19e dragons, tandis que les 13e uhlans et 4e cuirassiers chargeront notre flanc droit. Mais, voyant notre déploiement encore inachevé, il met en mouvement le 19e dragons, avant que les deux autres régiments soient à sa hauteur. En vain ils s'efforcent de le rejoindre par une longue marche au galop[5].

Cependant les hussards du général de Montaigu ont pris presque aussitôt le galop de charge. « Le commandement : Chargez ! est fait à 600 mètres au moins de la cavalerie ennemie[6] », et nos

---

[1] Carnet La Tour du Pin cité ; Note de M. le contrôleur général Longuet reproduite par le lieutenant-colonel Rousset, *op. cit.*, p. 355. D'après ce qu'a bien voulu nous dire M. le général Cuny, en 1870 sous-lieutenant au 2e hussards, le colonel Carrelet fit même mettre haut la carabine et c'est alors que Legrand s'écria « Au sabre ! »

[2] Carnet La Tour du Pin, Note Longuet ; Rapport du colonel Carrelet, *Revue d'Histoire*, I, 1904, p. 199.

[3] *Einzelschriften*, XXV, p. 61.

[4] *Einzelschriften*. Le total des escadrons présents est de 22, y compris le 5e du 2e dragons de la Garde, qui revient de reconnaissance par Ville-sur-Yron. Les 2e et 4e du 4e cuirassiers sont en soutien de l'artillerie de corps (Xe corps) ; le 3e du 13e uhlans arrête les fuyards de la 38e brigade ; le 1er du 10e hussards est en reconnaissance vers Nancy ; le 2e du 2e dragons de la Garde est à Vionville, le 3e, partie à Tronville, partie à Saint-Hilaire (*Ibid.*).

L'heure de 5 h. 45, que donnent la plupart des documents, nous paraît trop tardive. Nous croyons, comme M. Karl Bleibtreu (*Die Wahrheit über Mars-la-Tour*), que le combat de Ville-sur-Yron et la défaite de la 8e brigade se suivirent de très près.

[5] *Einzelschriften*, XXV, p. 62.

[6] Historique du 7e hussards ; « le général commande la charge de pied ferme à 900 ou 1000 mètres » (Historique du 2e hussards).

cavaliers remontent ainsi les pentes vers la crête où se découpent les silhouettes du 13e dragons prussien. Sa droite est à plusieurs centaines de pas à l'ouest de la route de Jarny, que longent nos hussards. Pour éviter d'être débordé, le colonel von Braschwitsch, « confiant dans la mobilité de sa troupe », si supérieure à la nôtre, la fait converser par pelotons à droite et la met au trot pour gagner du terrain dans cette direction[1]. Ce mouvement, qui serait dangereux devant un adversaire plus manœuvrier, s'opère sans nulle difficulté et avec une telle régularité qu'il en résulte dans nos rangs un mouvement d'hésitation et presque d'arrêt : « C'est de la Garde ! s'écrie t-on de toute part ». — Nous avons raconté ailleurs que le 7 août, vers Saint-Avold, voyant de l'infanterie marcher au loin dans le plus grand ordre, on s'écriait chez nous : « Ce sont des Prussiens ! Il n'y a que les Prussiens pour marcher comme cela ». Et il s'agissait de la division Castagny, du 3e corps !

Dans le cas présent, nous sommes vite détrompés[2]. Brusquement les dragons prussiens se déploient par un à-gauche et chargent également.

Leur escadron de gauche, voyant notre droite obliquer dans l'intention évidente de les déborder, a déjà effectué son à-gauche. Nos escadrons s'étant ensuite redressés, il en résulte que les cinq escadrons prussiens[3] présentent une ligne discontinue avec de larges intervalles qui existent à un moindre degré chez nous. Au lieu d'être débordée par nos huit escadrons, la ligne prussienne les déborde et se rabat sur leur flanc droit[4]. Par contre, nous débordons sa droite.

---

[1] « ... Wagte auf etwa 500 Schritte vom Feinde das Regiment mit Zügen rechts abschwenken und eine Strecke forttraben zu lassen » (*Einzelschriften*, XXV, p. 62).

[2] Historique du 7e hussards.

[3] De la droite à la gauche : 4e du 2e dragons de la Garde et 13e dragons.

[4] Les *Einzelschriften*, XXV, p. 62, portent même sur les deux flancs. D'après la *Revue d'Histoire*, 1, 1904, p. 631, nos escadrons se rabattent au contraire sur leur droite. Cette version est directement contredite par le Rapport du lieutenant Niel, 25 décembre 1870, *Ibid.*, p. 191 : « A l'approche de ces deux régiments, l'ennemi se porta lentement à leur hauteur, d'abord sur une seule ligne ; mais, à l'instant du choc, la gauche se rabat promptement vers la droite, enveloppant ainsi le 2e hussards, dont deux escadrons, en effet, ne rencontrent aucun obstacle. » En réalité le 6e escadron et la gauche du 5e du 7e hussards

Déjà quelques officiers de hussards, mieux montés, ont traversé la ligne adverse. « Le choc est terrible, écrit le général Bonie. La masse de nos petits chevaux, essoufflés par la longueur de la course, se brise contre le mur que leur oppose l'ennemi[1]. » En un clin d'œil, la mêlée est générale. Le général de Montaigu, entré l'un des premiers dans les rangs allemands, est blessé et désarçonné. Il sera bientôt pris.

Sur les entrefaites, le 19e dragons a continué son mouvement contre les lanciers de la Garde, encore immobiles. Tout à coup il se voit menacé dans son flanc droit. Avec les 1er et 2e escadrons du 3e dragons, le général Legrand a d'abord suivi en réserve la droite du 2e hussards. A l'apparition du 19e dragons, il se porte à la hauteur de la brigade de Montaigu et charge aussitôt ; son état-major le suit sur un rang. Comme ceux des hussards, les chevaux de nos dragons arrivent « un peu essoufflés » sur l'ennemi. Néanmoins le choc est très franc. Les deux lignes se traversent, et les premiers rangs s'effondrent en grande partie. Une mêlée furieuse commence pour durer une demi-heure, dit-on[2]. Le brave Legrand est tué ; son chef d'état-major,

---

conversèrent à droite pour prendre part à l'action (Historique du corps), comme l'admet la *Revue d'Histoire*.

On s'explique mal le rapport du lieutenant Niel, qui décrit deux faits paraissant inconciliables. Si deux escadrons du 2e hussards, sans doute ceux de droite, n'ont personne devant eux, comment la gauche ennemie aurait-elle enveloppé notre droite ?

[1] *Loc. cit.*, p. 77. Le général Bonie écrit même qu'avant de charger, les dragons allemands poussent un « formidable hourrah », font feu de leur mousqueton et mettent le sabre à la main. Aucun document ne confirme cet invraisemblable détail, sauf l'Historique du 7e hussards qui y fait allusion *en* doutant de sa réalité.

On prétend parfois que les cavaleries opposées ne se rencontrent jamais, dans une charge : celle dont le moral est le moins sûr *ferait demi-tour* avant la rencontre. Tous les documents relatifs au combat de Ville-sur-Yron prouvent le contraire. Lire notamment le Rapport du général de Montaigu (1er mai 1872) : « Ma brigade aborde des escadrons prussiens avec la plus grande vigueur ; elle pénètre dans leur ligne. Je me suis souvent rappelé ce moment, qui a été pour moi une très grande satisfaction... » Evidemment, de par sa date, ce rapport est un compte rendu *après coup*, c'est-à-dire suspect. Mais il est confirmé par tous les historiques et rapports en ce qui concerne le fait que les deux cavaleries se sont rencontrées.

[2] Note Longuet, *loc. cit.* ; *Revue d'Histoire*, I, 1904, p. 632. D'après les *Einzelschriften*, XXV, p. 63, Legrand, avec les 3e et 4e escadrons du 3e dragons, aurait chargé dans la mêlée des hussards, tandis que les 1er et 2e esca-

colonel Campenon, est blessé en donnant l'exemple du plus brillant courage.

L'escadron de droite du 19e dragons a rapidement opéré un demi-à-droite, pour faire face aux 3e et 4e escadrons du 3e dragons qui appuient les premiers sous la conduite du colonel Bilhau.

Quant aux trois autres escadrons allemands, ils continuent au trot, puis au galop et à la charge, formant une ligne si régulière et avec un tel calme que, dans la poussière ambiante, le général de France croit avoir devant lui des Français. Enfin, le colonel de Latheulade s'écrie, en levant son sabre : « Ce sont eux ! Chargez ! »

Le régiment est à peine en bataille et l'ennemi est à très courte distance, peut-être moins de 100 mètres[1]. Néanmoins, les lanciers abordent « avec un entrain remarquable » la ligne ennemie et la traversent en culbutant une grande partie du premier rang ; des dragons prussiens passent également dans leurs intervalles[2].

Mais le 13e uhlans s'est formé en arrière du 19e dragons. Précédé du général von Barby, le seul officier général allemand qui paraisse en ce mémorable engagement, il charge à son tour les lanciers de la Garde. En même temps, les 4e et 5e escadrons de notre 3e dragons, après avoir traversé celui du 19e dragons qui leur était opposé, se précipitent dans la mêlée où s'agitent lanciers français et dragons prussiens. C'est l'occasion d'une déplorable méprise. Les lanciers de la Garde portent la veste bleue de petite tenue au lieu de leur vêtement blanc bien connu ; les dragons les

---

drons se seraient jetés dans le flanc droit du 19e dragons. Le général fut tué par une balle (*Rezonville ; Revue de Cavalerie*, XXVI, p. 88), capitaine Choppin).

[1] De Baillehache, p. 184 ; « la ligne ennemie ne se trouvant plus qu'à cent mètres de nous, le colonel commanda la charge » (Historique des lanciers de la Garde, *Revue d'Histoire*, I, 1904, p. 476).

M. de Baillehache assure que les Allemands prirent le galop à *vingt* mètres, mais les *Einzelschriften*, XXV, p. 63, portent qu'ils prirent le galop à 500 pas et qu'ils chargèrent à 150 ; les lanciers s'étaient mis en mouvement « au dernier moment ».

[2] De Baillehache, p. 184 ; Journal de la brigade de France ; Rapport du général, 17 août ; Historique des lanciers de la Garde, *Revue d'Histoire*, I, 1904, p. 473 et suiv. ; *Einzelschriften*, XXV, p. 63.

D'après le Journal de la brigade, les lanciers auraient essuyé à 30 pas le feu des dragons prussiens, mais ce fait paraît inexact, comme celui signalé précédemment.

prennent pour des uhlans et les sabrent malgré leurs cris : « Ne nous frappez point! Nous sommes Français. » — « Pas de quartier! » répondent les dragons [1]. La confusion est extrême et l'ennemi en profite [2]. Une partie du 1er escadron du 13e uhlans se jette contre des cavaliers du 3e dragons qui ont traversé le 1er escadron du 19e dragons prussien. Le reste aborde en demi-à-droite le flanc droit des lanciers qui ont enveloppé ce même régiment. Quant au 2e escadron, il se heurte à une partie des dragons de l'impératrice.

Le général de France a remarqué le mouvement du 13e uhlans ; il craint de le voir aborder de flanc les lanciers et lance les dragons à la charge. Ils viennent de se former sur la gauche en bataille, à peu près à la même place que les lanciers [3]. Deux de leurs escadrons se heurtent à l'un de ceux du 13e uhlans (2e), après lui avoir tiré « plus de cent coups de fusil qui produisent beaucoup d'effet », assure l'Historique du corps [4].

Quant au 4e escadron de uhlans, lancé en colonne de pelotons en demi-à-gauche pour nous charger de flanc, il se heurte, tout près de la ferme de La Grange, à un troisième escadron des dragons de l'impératrice. Enfin, le 5e escadron du 2e dragons de la Garde galope en avant et à gauche des uhlans. Formé en colonne de pelotons, il dépasse la ferme, saute une forte haie et se déploie par un à-droite pour charger le dernier escadron de nos dragons de l'impératrice [5].

---

1 Général Bonie, 78 ; capitaine Choppin, *loc. cit*. Le 3e dragons tenait garnison à Pont-à-Mousson au début de la guerre, c'est-à-dire fort loin des garnisons habituelles de la Garde, qui ne quittait guère les environs de Paris.

2 Ces méprises furent réciproques, dit-on. Le *guide particulier* du 1er escadron du 3e dragons fut transpercé par un lancier de la Garde, ainsi que le sous-lieutenant Molinier. Par contre, le sous-lieutenant de lanciers Richet fut tué par un sous-officier du 3e dragons (Capitaine Choppin ; de Baillehache). Voir encore, au sujet de cette méprise trop réelle, le Journal de la brigade de France et l'Historique du 7e hussards, l'ouvrage du général Bonie, etc.

En outre, nombre de cavaliers démontés font usage de la carabine, frappant amis et ennemis (Témoignage du lieutenant-colonel Pommayrac, alors lieutenant aux lanciers de la Garde, *Revue d'Histoire*, I, 1904, p. 633 ; de Baillehache, p. 184-188).

3 Journal de la brigade de France ; la *Revue d'Histoire*, I, 1904, p. 634, porte *à gauche en bataille*.

4 Historique des dragons de l'impératrice, *Revue d'Histoire*, I, 1904, p. 477 ; détail confirmé par les *Einzelschriften*, XXV, p. 63. D'après les Allemands, les uhlans abordent nos dragons en demi-à-droite ; d'après nous (Journal de la brigade de France) nous-mêmes les abordons de flanc.

5 *Einzelschriften*, XXV, p. 63 ; Historique des dragons de l'impératrice.

A ce moment, nos vingt-cinq escadrons[1] présents ont été tous engagés, et de nouveaux renforts surviennent aux Allemands. Le 1er escadron du 4e cuirassiers s'est formé en arrière de l'intervalle des deux premiers escadrons du 13e uhlans. Il se jette à son tour sur la gauche des dragons de l'impératrice, suivi en échelon de droite du 3e escadron resté en colonne. Une fraction des lanciers de la Garde a, comme nous l'avons vu, traversé le 19e dragons. Les deux derniers pelotons de cuirassiers se déploient par un à droite et les chargent de flanc; le reste se jette dans la mêlée entre le 19e dragons et le 13e uhlans.

Les hussards de la brigade Montaigu ont d'abord eu l'avantage, malgré la petite taille de leurs chevaux[2], sur le 13e dragons et l'escadron de la Garde (4e du 2e dragons) qui leur étaient opposés. A gauche, le 7e hussards déborde la ligne ennemie, l'enfonce et la poursuit « la pointe au dos, sans rencontrer de résistance sérieuse[3] ». Mais deux nouveaux régiments allemands accourent. Avec son 2e escadron, le 10e hussards renforce et prolonge à droite les cinq escadrons déjà engagés. Les 3e et 4e escadrons attaquent de flanc la droite de nos hussards et la rejette sur leur gauche.

La droite du 16e dragons se jette, partie dans la mêlée des hussards, partie contre les 1er et 2e escadrons du 3e dragons arrivés à la rescousse de la brigade Montaigu[4]. Le centre inter-

---

[1] Le 2e escadron des dragons de l'impératrice est détaché au quartier général de la Garde. Les 2e et 7e hussards ont également détaché chacun un escadron. (Les régiments de la Garde et les hussards sont à cinq escadrons.)

Il faut ajouter que les 22 escadrons allemands représentent un nombre de sabres supérieur à celui des 25 escadrons français, ainsi que le reconnaissent, d'ailleurs, les *Einzelschriften*. Ainsi les dragons de l'impératrice mirent en ligne 320 sabres environ (Historique du corps). Ces chiffres révèlent un énorme abus des non valeurs.

[2] On notera ce détail ; il a son importance.

[3] Historique du 7e hussards. Les *Einzelschriften*, XXV, p. 64, mentionnent le *combat inégal* soutenu contre nos hussards. Inégal, soit, mais pour nos hussards montés en chevaux de Tarbes ou d'Algérie contre des dragons de taille et de poids bien supérieurs.

Le Rapport de combat du 2e bataillon du 16e régiment d'infanterie prussienne signale des cavaliers français isolés poursuivant des dragons prussiens jusque vers Mars-la-Tour. Au retour ils furent fusillés par la 5e compagnie du 16e, qui leur démonta deux hommes (*Ibid.*, p. 104).

[4] Il y a incertitude sur les numéros de ces escadrons. D'après la *Revue*

vient dans « le combat acharné » que la droite du 19e dragons soutient contre les deux autres escadrons de notre 3e dragons. Quant à la gauche, elle aborde, elle aussi, les forts groupes de lanciers de la Garde qui ont traversé le 19e dragons[1].

Ainsi, les sept derniers escadrons allemands donnent leur effort dans plusieurs directions, sans idée tactique, au lieu de produire une poussée d'ensemble susceptible de grands résultats. Des deux parts, on s'est engagé par petites fractions, sans direction commune. On a couru au plus pressé. La confusion est extrême. Entre la route de Jarny et l'Yron, près de 6,000 cavaliers tourbillonnent dans une poussière épaisse, traversée de brusques reflets ou de l'éclair d'un coup de feu. Pistolets, carabines, lances et sabres, font leur sanglante besogne, atteignant parfois amis comme ennemis. Partout, des cris de rage ou de douleur, des ordres, des appels. Un incident provoque la solution, jusqu'alors incertaine. Le général de France fait sonner le ralliement, peut-être pour faire cesser la méprise dont les lanciers de la Garde sont victimes[2].

La masse confuse des combattants reflue peu à peu vers le Nord. Finalement, nos cavaliers traversent le Fond de la Cuve pour aller se rallier sur le plateau de la ferme Grizières. L'apparition tardive de la division Clérembault, le feu du 2e chasseurs d'Afrique mettent fin à la poursuite de l'ennemi. La mêlée, commencée presque simultanément sur toute la ligne peu après 6 heures, aurait duré dix minutes environ[3].

---

d'Histoire, il s'agit des 1er et 2e. Le capitaine Choppin écrit les 3e et 4e (*loc. cit.*).

[1] *Einzelschriften*, XXV, p. 64.

[2] D'après le Journal de la division Legrand et les rapports du général de Gondrecourt, 18 août, c'est un trompette « étranger à la division » qui sonne le ralliement. Suivant l'Historique du 7e hussards, « les lanciers et dragons de la Garde se retirent précipitamment et communiquent quelque peu la rapidité de leur mouvement aux autres régiments ». Suivant M. de Baillehache, le ralliement sonne trop tôt et même on l'attribue aux trompettes allemandes. (p. 184-188). Dans la note citée, M. le contrôleur général Longuet porte que le général de France fait sonner le ralliement. De même pour le général Bonie (*op. cit.*, p. 78-79) et le capitaine de La Tour du Pin, *loc. cit.*

[3] D'après les *Einzelschriften*, XXV, p. 64, les 10e hussards, 13e et 16e dragons repoussent la brigade Montaigu et le 3e dragons sur la gauche des lanciers de la Garde, qui ont jusqu'alors tenu tête au 19e dragons. Ils sont entraînés

On a souvent avancé que le feu de la droite de notre infanterie contribua à l'arrêt de la poursuite. Or, il paraît résulter de témoignages très autorisés que le bataillon du 64e, établi à l'extrême droite, ne se douta pas du combat de cavalerie pourtant si proche de lui [1].

Sur les entrefaites, la division de cavalerie Clérembault, du 3e corps, d'abord entre Saint-Marcel et les bois au Sud, a été obligée par l'artillerie allemande de se déplacer vers l'Ouest. Du plateau au sud-ouest de Bruville, elle aperçoit bientôt la masse de notre cavalerie « ramenée en désordre » vers le Fond de la Cuve [2] et descend à son tour dans ce ravin, à hauteur de la ferme Grizières, la brigade Maubranches en tête. Quant à la brigade Bruchard, elle se porte « lentement » dans la même direction, à la droite des dragons. Son mouvement est encore ralenti par la

---

par les hussards et les dragons de l'impératrice, eux-mêmes fortement pressés par les 13e uhlans, 4e cuirassiers et 2e dragons de la Garde.

La *Revue d'Histoire*, I, 1904, p. 638, écrit à ce sujet : « Peut-être la masse confuse que formaient alors les cinq mille cavaliers français et allemands reflua-t-elle, un instant, tout entière vers le Nord, à la suite des tentatives individuelles faites par nos cavaliers pour se retirer du combat. Mais ce mouvement de recul fut, en tout cas, très limité... les escadrons prussiens, tout aussi éprouvés que les nôtres, ne *repoussèrent* point l'adversaire à la pointe de leurs sabres et songèrent encore bien moins à le *poursuivre* ». Cette dernière assertion est contredite par les faits. Il suffira de citer les documents ci-après : « Vers 6 heures du soir apparut, sur la droite de la route de Mars-la-Tour à Jarny, une masse de cavalerie française ramenée en désordre. Descendre et remonter en toute hâte le ravin qui séparait les brigades de Maubranches et de Bruchard de cette masse confuse fuyant éperdue et menaçant d'entraîner la brigade de chasseurs, fut l'affaire d'un instant. » (Journal de la division Clérembault, *Revue d'Histoire*, IV, 1903, p. 651.) Même note dans le Rapport du général de Clérembault, 21 août, *Ibid.*, p. 653 ; dans l'Historique du 10e chasseurs, p. 656 ; dans l'ouvrage du général Bonie, p. 78-79 ; dans le Carnet du capitaine de La Tour du Pin, *loc. cit.*

En outre, un fait positif est que les Allemands prirent un assez grand nombre de nos officiers blessés ou démontés, notamment le général de Montaigu, le colonel Bilhau, le lieutenant-colonel Collignon du 3e dragons ; le colonel Cauteleau du Parc, des dragons de l'impératrice, etc. On ne peut citer un seul officier allemand qui ait été capturé dans ces conditions (*Einzelschriften*, XXV, p. 65).

[1] Témoignage des généraux Millet et Maillard, *Revue de Cavalerie*, septembre 1895, p. 605.

[2] Journal de la division. La division Clérembault se réduit alors à la brigade Maubranches (2e et 4e dragons) et à 4 escadrons de la brigade Bruchard (3 escadrons du 3e chasseurs et 1 du 10e). La brigade Juniac est restée auprès de Saint-Marcel, Dieu sait pourquoi !

colonne des fuyards, parmi lesquels des lanciers de la Garde qu'elle est près de charger, les prenant pour des uhlans [1]. Nouvelle preuve de l'inconvénient de la disparité des uniformes !

Très mollement opéré, le mouvement de Clérembault aboutit à une simple démonstration, qui ne permet même pas de sauver les épaves de toute nature restées sur le champ de bataille. Un peloton du 2e dragons se déploie en tirailleurs devant « trois ou quatre escadrons prussiens... en train de se rallier à environ 800 mètres ». Quant au 4e dragons, qui tient la droite, il reçoit l'ordre de se porter en avant. Mais le colonel Cornat n'a sous la main que deux escadrons. Il lance aussitôt celui de droite, déployé en fourrageurs, dans le flanc des cavaliers prussiens attardés. L'autre sert « de base de ralliement au régiment [2] ».

Ce semblant d'attaque précipite la retraite de l'ennemi. Quand le 4e dragons, tout entier rallié, se reporte en avant, nos adversaires se retirent vers le Sud, à l'instant même où une sonnerie rappelle nos cavaliers sur le plateau [3].

Du côté des Allemands, on a également sonné le ralliement dès l'apparition des escadrons de Clérembault. Les cavaliers de Rheinbaben se rallient au sud-ouest de Ville-sur-Yron, dans l'intention, assurent les *Einzelschriften* [4], d'attaquer la cavalerie fraîche qui se montre en avant du bois de La Grange. « Mais, certains de leurs chefs ne trouvèrent pas rationnel d'imposer de nouveaux efforts à des chevaux arrivés à la limite de leur résistance. » Sur l'ordre de Rheinbaben, toute cette cavalerie reflue lentement vers Mars-la-Tour, couverte par le 13e dragons, qui a été pourtant le premier engagé.

Ce mouvement ne s'explique guère, venant à la suite d'un suc-

---

[1] Historique du 10e chasseurs. L'un des escadrons de lanciers s'est dirigé vers Conflans, sans doute par la route de Jarny.

Le régiment de lanciers perdit 2 officiers tués, 17 blessés ; 108 cavaliers et 88 chevaux tués, blessés ou disparus (Historique du corps) ; 16 officiers et 125 hommes, d'après la *Revue d'Histoire*, II, 1904, p. 191 et suiv. Il lui manque quatre capitaines-commandants sur cinq ; dans un escadron, le 2e, il ne revient qu'un officier, 3 sous-officiers et 40 cavaliers (DE BAILLEHACHE, p. 184-188).

[2] Journal de la division Clérembault ; rapport du colonel Cornat, 17 août, *Revue d'Histoire*, IV, 1903, p. 651 et suiv.

[3] « La sonnerie de l'état-major général » (?) (Rapport Cornat). Il s'agit sans doute de la sonnerie de la division ou du 3e corps.

[4] XXV, p. 65.

cès, si contesté qu'il ait été. Le général von Voigts-Rhetz le désapprouve et fait prescrire à Rheinbaben de se reporter à Ville-sur-Yron. Déjà arrivé à l'ouest de Mars-la-Tour, le commandant de la 5e division répond que ses chevaux sont trop fatigués et que, d'ailleurs, il a de l'infanterie sur son flanc droit. Il ne tarde pas à se retirer jusque vers Puxieux [1], mouvement incompréhensible dans les conditions présentes. Ce n'est pas au moment où l'infanterie de la gauche allemande vient de subir un grave échec que la cavalerie devrait abandonner le champ de bataille.

De notre côté, la brigade Bruchard reparaît ensuite à l'ouest du Fond de la Cuve sans rencontrer un adversaire [2]. Vers 7 heures, le général de France met ses escadrons en marche sur Gravelotte, où ils rejoignent la division Desvaux. Quant à ceux de Legrand et de du Barail, ils se groupent vers 11 heures du soir aux abords de Doncourt.

C'est ainsi que se termine le plus marquant des combats de cavalerie survenus pendant la guerre de 1870-1871. Son résultat matériel est à peu près nul, car les pertes des deux parties se compensent sensiblement, sauf pour nos officiers beaucoup plus atteints, sans doute au moment de la retraite. Voici le détail de ces pertes :

PERTES ALLEMANDES.

	Officiers.	Hommes.	Chevaux.
État-major de la brigade Barby..........	2		
1er et 3e escadrons du 4e cuirassiers......	3	12	26
13e uhlans (moins le 3e escadron).........	5	39	50
19e dragons..............................	12	113	95
13e dragons..............................	7	86	65
10e hussards (moins le 1er escadron)......	5	28	38
16e dragons..............................	4	22	43
4e escadron du 2e dragons de la Garde....	5	65	73
5e escadron du 2e dragons de la Garde....	1	20	26
Total........	44	385	416 [3]

[1] Fritz HOENIG, *Darstellung des Strategie*, p. 145, d'après les Souvenirs du général von Caprivi.

[2] Rapport du général de Clérembault, 21 août.

[3] *Einzelschriften*, XXV, p. 67.

Pertes françaises.

	Officiers.	Hommes.
État-major de la division Legrand	6	
État-major de la brigade Montaigu	2	
2e hussards (moins 1 escadron)	19	64
7e hussards (moins 1 escadron)	10	50
3e dragons	12	59
Lanciers de la Garde	16	125
Dragons de l'impératrice (moins 1 escadron)	10	58
2e chasseurs d'Afrique	5	51
Total	80	407 [1]

Pour apprécier exactement les proportions des pertes en officiers, il est bon de se souvenir que la cavalerie française possède en 1870 des cadres beaucoup plus nombreux que celle des Allemands : sept officiers par escadron au lieu de cinq. De même pour l'état-major du régiment. Néanmoins, le total des officiers et des hommes de troupe hors de combat dépasse sensiblement chez nous le nombre correspondant pour les Allemands. Cette constatation est pour confirmer ce que nous avons dit de notre échec...

Quant au résultat matériel de ce grandiose carrousel sur l'ensemble de la journée du 16 août, il est peu marqué.

Le mouvement tournant prescrit à Rheinbaben par Voigts-Rhetz a été arrêté, il est vrai. Mais il aurait été inexécutable après l'échec de la 38e brigade.

Les conséquences morales de ce combat de cavalerie, le plus important de la guerre de 1870, sont moindres qu'on ne l'a souvent prétendu. Sans doute, l'apparition vers Mars-la-Tour d'une nombreuse cavalerie allemande contribue à rendre encore plus hésitante l'action de Ladmirault, mais elle n'est pas la cause déterminante de son inaction à la fin du jour. Il ressort de ses rapports, ainsi que des faits, que le commandant du 4e corps

---

[1] *Revue d'Histoire*, II, 1904, p. 191 et suiv. Le nombre des chevaux hors de combat n'est pas spécifié.

borne alors son ambition à maintenir ses positions intactes[1]. C'est l'absence de la division Lorencez et non le grand tournoi de Ville-sur-Yron qui arrête l'offensive du 4e corps.

Au cours de ce mémorable combat, on observe des deux parts l'absence de direction supérieure, d'idée tactique d'ensemble. Les régiments s'engagent un à un, les nôtres le plus souvent avec une extrême lenteur ; leur action s'émiette avec un mince profit, et le succès des Allemands est peu marqué. Pour nos cavaliers, comme pour ceux de l'ennemi, il y aurait mieux à faire : une grande charge des nôtres anéantirait les débris de la 38e brigade et les batteries voisines, c'est-à-dire la gauche de l'artillerie allemande. Quant à l'ennemi, si, au lieu de cinq escadrons, il en jetait vingt-sept en échelons contre la division de Cissey, il est à croire que celle-ci, surprise en plein désordre, serait vouée à une entière déroute. Du coup, le combat serait pleinement rétabli à la gauche allemande.

La lenteur compassée de nos mouvements, l'absence d'initiative chez tous, du divisionnaire au dernier sous-lieutenant, contribuent à rendre nos efforts inutiles, bien que, à tout prendre, nos vingt-cinq escadrons soient beaucoup mieux groupés au début que les vingt-deux escadrons prussiens. Nous ne gardons aucune réserve, en sorte que l'apparition de sept escadrons frais du côté de l'adversaire décide de notre retraite. Enfin, à plusieurs reprises, nous chargeons à grande distance, avec des chevaux mal entraînés, trop lourdement chargés, et dont le sang ne permet pas toujours de tels efforts. Autant de causes d'infériorité en dépit de la bravoure incontestée des cavaliers.

Ajoutons que trois de nos régiments sont remontés en chevaux de petite taille, fort inférieurs comme masse à ceux de l'ennemi. Les 2e et 7e hussards, le 2e chasseurs d'Afrique n'en combattent pas moins très honorablement des dragons et des uhlans. Nouvelle preuve que le moral est, en dernière analyse, le facteur dominant à la guerre. Les campagnes du Premier Empire sont pleins d'exemples de ce genre. Que de fois a-t-on vu nos cavaliers, conscrits de la veille, mal montés, sachant à peine faire usage de leurs armes, bousculer de beaux régiments, beaucoup

---

[1] Voir notamment son rapport sommaire, 17 août.

mieux montés et instruits ? Mais le chasseur de Curély ou de de Brack avait le sentiment intime de sa supériorité sur tous les autres cavaliers. Vingt ans de guerre lui avaient donné le sens et le goût de l'offensive *quand même*[1]. Combien avions-nous perdu de vue ces enseignements en 1870 !

---

[1] Voir dans la *Revue de Cavalerie* d'avril 1905, p. 48, un épisode de novembre 1813, d'après les Mémoires de Gonneville. Voir aussi Vaudoncourt au sujet de la charge de Montmirail.

XIII

Attaque générale des Allemands à la nuit.

Pendant que notre offensive s'arrête ainsi à la droite, au centre la situation est restée stationnaire depuis la charge de la brigade Bredow. L'entrée en ligne de troupes fraîches nous fournit seulement l'occasion de quelques retours offensifs, bientôt arrêtés par le feu de l'artillerie allemande. De part et d'autre, les progrès sont nuls.

Devant notre gauche, au contraire, l'arrivée de fractions des VIIIe et IXe corps conduit les Allemands à multiplier leurs attaques, contrairement aux vues de Frédéric-Charles, qui se propose uniquement de garder les positions conquises. Leur échec, qu'il peut en partie constater de ses yeux, et l'entrée en ligne des Hessois à son extrême droite, l'amènent à une résolution grave : celle de nous prouver par une attaque générale que les Allemands se considèrent comme les maîtres du champ de bataille. Vers 7 heures, il prescrit de porter en avant le Xe corps, la division Buddenbrock du IIIe, la cavalerie du duc de Mecklembourg et la grande ligne d'artillerie au centre [1]. C'est une nouvelle application de l'*offensive à outrance*, qui a déjà donné aux Allemands la supériorité morale en ce jour, à défaut de celle du nombre qu'ils étaient bien loin de posséder.

Mais les circonstances ont changé depuis les premières attaques d'Alvensleben. La soirée est avancée. Les résultats acquis par les Allemands ne sont plus contestés sérieusement. D'autre part, Frédéric-Charles peut-il espérer de nous infliger une complète défaite tactique dans la situation présente, à une heure aussi tardive? Il semble que non et que, au contraire, suivant le mot de Moltke, il serait prudent « de ne pas provoquer, par de nou-

---

[1] *Einzelschriften*, XVIII, p. 593.

velles attaques, l'ennemi qui dispose d'une énorme supériorité numérique ». On va risquer, peut-être, de « compromettre le résultat si péniblement acquis », alors qu'on ne peut compter sur l'arrivée de nouveaux renforts.

D'ailleurs, les troupes sont épuisées, presque sans munitions ; les chevaux n'ont pas été dessellés de quinze heures, pendant lesquelles ils n'ont rien mangé. Une partie des batteries ne peut marcher qu'au pas, et le corps le moins éloigné à l'ouest de la Moselle, le XIIe, est encore à plus d'une étape [1].

A la gauche, depuis l'échec de la 38e brigade, le Xe corps est en trop mauvaise posture pour risquer un mouvement offensif. Au centre et à la droite, tout se borne à une démonstration. Le colonel von Dresky, commandant l'artillerie de corps du IIIe corps, a reçu directement de Frédéric-Charles l'ordre de se porter vivement vers Rezonville, tout en évitant de s'exposer à notre tir d'infanterie. Mais une partie seulement de sa ligne peut s'y conformer. Encore deux batteries du Xe corps, avant d'ouvrir le feu, sont-elles accueillies de front et de flanc, presque à bout portant, par la fusillade de groupes d'infanterie restés inaperçus. Malgré des pertes considérables, elles commencent le feu, mais la majeure partie des batteries est incapable de se mouvoir, faute d'attelages.

Au centre, l'infanterie essaye de suivre cette artillerie. Des fractions du 35e, le reste des 1er et 3e bataillons du 20e marchent vers Rezonville, au nord de la route de Mars-la-Tour. Un moment, les batteries prussiennes couronnent les dernières crêtes à l'ouest de Rezonville. Mais nous avons là des forces d'infanterie très considérables et, derrière elles, la grande batterie du général Bourbaki, 54 pièces. Du Nord et de l'Est, les assaillants sont accueillis par un feu meurtrier qui les oblige bientôt à la retraite. Quelques-unes de leurs batteries sont contraintes de tirer à mitraille pour se dégager.

Sur les entrefaites, la 6e division de cavalerie a quitté son

---

[1] Moltke, *La guerre de* 1870, traduction Jaeglé, p. 59. L'artillerie de corps du IIIe corps, seule, a perdu 10 officiers, 119 hommes, 249 chevaux dont 139 pour les 2 batteries à cheval ; elle a tiré 5,699 coups ; le groupe à cheval a parcouru 11 ^{k} 250 en 45 minutes pour atteindre le champ de bataille (Prince de Hohenlohe, *Lettres sur l'Artillerie,* traduction, p. 91, 102, 138).

emplacement dans le pli de terrain au sud-ouest de Flavigny. La brigade Grüter (3e et 4e escadrons du 3e uhlans, 15e uhlans, 1er, 2e, 3e escadrons du 6e cuirassiers) suit le chemin de Buxières pour se porter vers Rezonville. Elle est formée en lignes de colonnes, les deux escadrons du 3e uhlans en première ligne, le reste suivant à 200 mètres. Un régiment de cavalerie divisionnaire, le 12e dragons, tient la droite de la deuxième ligne. La nuit est déjà complète ; on n'a plus pour se guider que la lueur des pièces et l'éclair de la fusillade. La brigade traverse ainsi l'artillerie prussienne, mais se heurte bientôt à de fortes masses d'infanterie (?), dont le feu lui inflige des pertes considérables [1].

Ce semblant de charge a porté sur une fraction du 51e (1er bataillon) qui s'est repliée sur le 1er voltigeurs de la Garde (1er bataillon), au moment où ce dernier se portait lui-même en avant. Il forme le carré et ouvre un feu à courte portée sur deux colonnes de cavalerie, évaluée chacune à deux escadrons. Elles prennent la fuite dans le plus grand désordre [2].

Le bataillon des chasseurs de la Garde a également l'occasion de tirer « à 100 mètres » sur des uhlans de la brigade Grüter, qui sont mis en déroute [3]. De même pour le 2e bataillon du 4e voltigeurs qui vient de couronner la crête au sud-ouest de Rezonville. Les escadrons ennemis se montrent à 300 mètres, mais « quelques feux à volonté » les rejettent en désordre [4]. Le général von Grüter a été mortellement blessé.

Quant aux hussards de la brigade Rauch, alors commandée par le colonel von Schmidt [5], formés également en lignes de colonnes, ils passent au nord de Flavigny et marchent sur

---

[1] *Etat-Major prussien*, I, p. 638.

[2] Rapport du colonel Dumont, du 1er voltigeurs, *Revue d'Histoire*, I, 1904, p. 426. Le Rapport du lieutenant-colonel Bréart, du 51e, (*Ibid.*, IV, 1903, p. 448, porte même que le 51e charge ensuite à la baïonnette et s'arrête « sur le plateau vis-à-vis de Vionville ». C'est, semble-t-il, de la fantaisie pure.

[3] Rapport du chef de bataillon du Bessol, *Revue d'Histoire*, I, 1904, 425.

[4] Historique du 4e voltigeurs, *Revue d'Histoire*, I, 1904, p. 430. D'après la même revue, II, 1904, p. 163, après s'être heurtée au 1er voltigeurs, la brigade Gruter s'est redressée par un à-gauche pour marcher sur une masse d'infanterie aperçue vers Rezonville.

[5] 3e et 16e hussards, le 16e à droite, les escadrons présents du 9e dragons (cavalerie divisionnaire) en 2e ligne (*Etat-Major prussien*, I, p. 638).

Rezonville, leur gauche dépassant la route de Mars-la-Tour. A ce moment, la ligne d'infanterie prussienne se croit elle-même menacée par notre cavalerie et « tire vivement dans toutes les directions » non sans dommages pour les troupes amies, comme on peut le croire. Cette méprise est peut-être provoquée par le 5e régiment de chasseurs, de la division Valabrègue, qui reçoit vers 7 heures l'ordre de faire face à une colonne d'infanterie venant de Vionville vers Rezonville. Accueillis par un feu extrêmement vif, les chasseurs se replient derrière le 93e[1]. L'obscurité et la fatigue d'une fin de combat expliquent amplement ce désordre des deux partis.

Après avoir traversé l'infanterie prussienne, Schmidt conduit toute sa brigade au nord de la route et prend le galop pour charger une masse à peine visible dans l'obscurité, qui disparaît aussitôt à droite. L'instant d'après, les hussards se trouvent au milieu d'infanterie qui les crible de feux, exécutés non sans désordre. Une partie de la division La Font de Villiers s'enfuit vers le bois Pierrot ; le drapeau du 91e est menacé, ainsi que le général de Sonnay[2]. « Une véritable avalanche d'hommes » des 91e et 93e fond sur le 94e et y met un complet désarroi[3]. Au 70e la panique est générale également[4]. Une fraction de la brigade Schmidt pousse jusqu'à la division Valabrègue qui reçoit des projectiles destinés aux cavaliers ennemis. « Les sonneries répétées du corps d'armée et celles de « Cessez le feu » faites par les trompettes de la division firent cesser la méprise[5]. »

L'obscurité et la fatigue des chevaux font que la brigade Schmidt est incapable à mettre à profit ce désordre dont elle ne soupçonne certainement pas l'étendue. Son chef a été blessé, lui aussi. Elle se rallie au nord de la route.

Certes sa tentative ne démontre pas que les attaques de nuit soient praticables pour la cavalerie. S'il est une arme à laquelle

---

[1] Rapport du général de Valabrègue, 20 août.

[2] Rapport du général Becquet de Sonnay, s. d. ; Journal de marche du 91e, *Revue d'Histoire*, I, 1904, p. 382, 384.

[3] Rapport du commandant Froidevaux, 17 août, *Revue d'Histoire*, I, 1904, p. 392 ; Rapport du colonel Ganzin, 18 août, *Ibid.*, p. 387.

[4] Rapport du colonel Henrion-Bertier, 17 août. Suivant plusieurs de ses rapports, les hussards prussiens chargent au cri de « Vive la France ! »

[5] Rapport du général de Valabrègue, 20 août.

elles soient à peu près interdites, c'est bien certainement celle-là. L'heure de la charge des brigades Grüter et Schmidt est donc beaucoup trop tardive ; mais, cette réserve faite, on doit reconnaître que, malgré l'épuisement des chevaux, sellés depuis 2 h. 30 du matin, l'attaque audacieuse des escadrons prussiens produit un effet moral considérable. « Il faisait presque nuit, écrit un témoin, et nous croyions la journée finie, lorsque la division (Forton) se forma subitement sur une seule ligne le sabre à la main, entre Rezonville et Vionville ?.... Un bourdonnement sourd d'abord, qui se transforma subitement en une immense clameur, parvenait à nos oreilles. Bientôt nous vîmes arriver une multitude de fantassins frappés de panique... . »

Des milliers de fuyards, de soldats débandés ou de blessés[1] s'entassent aux abord de Gravelotte. En rentrant à son quartier général, vers 10 heures, le maréchal Bazaine a peine à traverser cette immense cohue.

La cavalerie a mis à profit, en effet, l'épuisement résultant d'une longue journée de combat et le relâchement qui s'ensuit fatalement vers le soir.

---

[1] Relation du chef d'escadrons Le Flem, *Revue d'Histoire*, I, 1904, p. 682 ; Journal du lieutenant de La Forest-Divonne, *Ibid.*, p. 449.

CONCLUSIONS

De l'étude qui précède il résulte que, dans la journée du 16 août, la cavalerie a joué un rôle marquant, du début de la bataille à ses derniers moments. Tantôt, comme la brigade Bredow, elle achève le succès remporté par l'infanterie et l'artillerie ; tantôt, comme les dragons d'Auerswald, elle couvre la retraite des armes sœurs. Souvent des voix de mauvais augure s'élèvent pour affirmer que les progrès constants de l'armement interdisent dès maintenant à la cavalerie l'accès du champ de bataille. Tout au plus consent-on à admettre qu'elle pourra y éclairer les autres armes, les garantir d'une surprise. La bataille du 16 août montre combien ces assertions sont peu fondées. On y a vu une fraction de la division de Cissey, venant de culbuter la 38e brigade et dans toute la surexcitation qui suit un succès de ce genre, mise en désordre par trois escadrons de dragons habilement conduits. Croit-on que si l'infanterie du 4e corps avait été armée de fusils à répétition, le résultat eût différé sensiblement ?

Il semble, au contraire, que, pour la cavalerie, la difficulté d'aborder l'infanterie ne soit nullement en proportion de la supériorité de l'armement. Elle tient avant tout au moral, à l'épuisement physique du fantassin. Même au temps du fusil à pierre, une bonne infanterie était susceptible de résister en plaine à des charges de cavalerie. Les Suédois, notamment, l'ont souvent prouvé. Mais la condition première résidait dans la valeur morale de la troupe.

Sans doute la possession des armes actuelles donne au fantassin de sensibles avantages, mais à la condition qu'il ait encore suffisamment de force physique et de sang-froid pour pouvoir s'en servir. Si l'infanterie est gravement atteinte dans son moral à la suite d'un échec ou même d'un long combat d'usure, si elle est physiquement épuisée, si elle est dans le désordre qui suit à peu près fatalement la prise d'une position, peu importe que son arme soit le mousquet de jadis ou le fusil à répétition. Elle saura aussi peu s'en servir; souvent même son tir sera plus dangereux pour les amis que pour les adversaires.

Si l'exemple des dragons d'Auerswald et de la brigade Bredow ne paraissait pas probant, il suffirait de rappeler que, pendant la campagne du Soudan, on a vu des bandes fanatiques, armées presque uniquement de piques et de matraques, enfoncer des carrés anglais défendus par d'excellents fusils. N'auraient-elles pas pu encore mieux faire si elles avaient été montées et armées convenablement ?

Il est donc bien certain que la cavalerie pourra, comme dans le passé, aborder avec succès l'infanterie, mais à une condition essentielle : celle de choisir son heure, son point d'attaque et le cheminement qui permettra de l'atteindre. Toute charge pour laquelle le terrain de parcours n'aura pas été rapidement reconnu, même des yeux et à distance, expose la cavalerie à un arrêt sous le feu qui équivaut à un désastre. De même si l'on charge de front une infanterie qui n'est pas ébranlée par des pertes ou à laquelle on laisse le temps de se ressaisir. Prendre pour l'attaquer des formations géométriques et à peu près immuables, comme on le fait chez nos voisins en appliquant la « tactique des lignes », c'est renoncer à utiliser contre l'infanterie l'un des grands avantages de la cavalerie, à savoir sa mobilité manœuvrière, son aptitude à changer rapidement de direction. Il y a lieu au contraire de retarder le déploiement le plus longtemps possible, d'utiliser les formations en colonnes, qui se plient si facilement au terrain, pour cheminer à couvert et gagner à l'improviste le flanc de l'adversaire. Une attaque ainsi conduite ou même simplement oblique sera tout à fait avantageuse, pourvu qu'elle surprenne l'infanterie à courte portée, comme les dragons d'Auerswald firent pour la première ligne de la division Cissey.

Ainsi la cavalerie peut charger utilement l'infanterie à la condition d'être manœuvrière et de savoir utiliser le terrain dans les meilleures conditions. Une simple charge de front, du genre de celles du 3e lanciers et des cuirassiers de la Garde, n'a que de faibles chances de succès, même si elle est poussée à fond, quand la forme du terrain ne la favorise pas.

Contre de l'artillerie, la formation en colonne d'escadrons à demi-distance prise par le 2e chasseurs d'Afrique était assurément peu avantageuse. Il eût été préférable de fixer l'attention de la batterie Planitz par une charge de front en fourrageurs, tandis que le gros du régiment aurait manœuvré pour l'aborder du flanc ou même à revers, sans se désintéresser du soutien, ainsi qu'il arriva avec les résultats que l'on sait. Le principe est le même que contre l'infanterie : aborder l'artillerie dans des conditions telles qu'elle puisse faire le moindre usage de ses projectiles.

La journée du 16 août 1870 a vu le plus grand engagement de cavalerie de toute la campagne, celui de Ville-sur-Yron. Nous avons cherché à montrer combien il fut stérile en résultats. Pour les deux cavaleries adverses il y avait mieux à faire que de s'épuiser dans ce grandiose tournoi, dont elles sortirent toutes deux momentanément hors de combat, avec des pertes à peu près équivalentes. La règle posée par notre ancien règlement de cavalerie, *solidarité et convergence des efforts*, n'est pas seulement la loi suprême dans les engagements de cavalerie contre cavalerie. Elle s'applique encore plus rigoureusement au rôle de cette arme dans la bataille, vis-à-vis des armes sœurs. La condition nécessaire du succès est dans la coopération constante de toutes les armes, dans leur liaison permanente en vue de l'écrasement de l'adversaire. Un engagement de cavalerie contre cavalerie n'est justifié que s'il rentre dans le cadre général de l'action, s'il doit faciliter l'offensive de l'infanterie. En jetant le 16 août toute la cavalerie disponible au delà du Fond de la Cuve pour s'opposer à un mouvement tournant à peine esquissé par une batterie et un escadron, Ladmirault manquait visiblement de sang-froid. Les deux batteries de la division du Barail auraient suffi à interdire aux escadrons allemands une démonstration vers le bois de la Grange, d'autant qu'elles avaient l'avantage d'une position dominante vers la ferme Grizières. Au besoin elles pouvaient être renforcées par quelques-unes des batteries du 4e corps.

Même en admettant la nécessité du combat de Ville-sur-Yron, il paraît évident que nous aurions pu le conduire d'une façon moins désavantageuse. La lenteur de nos mouvements préliminaires donna aux Allemands, égrenés sur une grande profondeur, la possibilité de concentrer à peu près leurs forces; l'insuffisante mobilité de nos escadrons permit à l'ennemi de les attaquer de flanc à plusieurs reprises. Enfin nous ne savions pas plus que nos adversaires utiliser nos batteries à cheval dans le combat. Tout cela ne répond guère à l'idéal que l'on est en droit de se faire du combat de deux cavaleries. Si dans la mémorable journée du 16 août, il est un épisode qui méritera toujours d'être médité, c'est la Chevauchée de la Mort beaucoup plus que le grand tournoi de Ville-sur-Yron.

TABLE DES MATIÈRES

Paris. — Imprimerie R. Chapelot et Ce, r. Christine, 2.

PARIS. — IMPRIMERIE R. CHAPELOT ET Ce, 2, RUE CHRISTINE.

www.ingramcontent.com/pod-product-compliance
Ingram Content Group UK Ltd.
Pitfield, Milton Keynes, MK11 3LW, UK
UKHW022030170726
13837UKWH00002B/501